Uwe Wilhelm

PIRATEN – Auslaufen zum Kentern

Uwe Wilhelm

PIRATEN – AUSLAUFEN ZUM KENTERN

Wie man eine Partei erfolgreich versenkt

Lübbe Paperback

Dieser Titel ist auch als E-Book erschienen

MIX
Papier aus verantwortungsvollen Quellen
FSC
www.fsc.org
FSC® C014496

Papier: holzfrei Schleipen - Werkdruck, der Cordier Spezialpapier GmbH

Originalausgabe

Textredaktion: Dr. Matthias Auer, Bodman-Ludwigshafen
Umschlaggestaltung: Christina Seitz, Berkheim
Satz: Fotosatz Amann, Aichstetten
Gesetzt aus der FreightText Pro
Druck und Einband: GGP Media GmbH, Pößneck

Printed in Germany
ISBN 978-3-7857-6090-1

5 4 3 2 1

Sie finden uns im Internet unter: www.luebbe.de
Bitte beachten Sie auch: www.lesejury.de

INHALT

EINLEITUNG

Berlin, März 2012. Es war kurz nach Mitternacht. Die letzten zwei Dutzend Gäste einer Geburtstagsparty waren müde vom Feiern. Die am frühen Abend noch demonstrativ zur Schau getragene Heiterkeit war einer nächtlichen Ernsthaftigkeit gewichen. Die Stunde der Wahrheit war angebrochen, und kleine Grüppchen hatten sich, thematisch abgegrenzt, in der Wohnung verteilt: Gespräche über Jobs im Arbeitszimmer, Beziehungsgespräche vor der Toilette, Krankheiten, ungewollte Schwangerschaften und Scheidungen im Wohnzimmer. Die drei Drehbuchautoren Mark, Philipp und Anatol hatten sich schon vor zwei Stunden konspirativ in die Küche zurückgezogen, um wichtigste Fragen zu klären. Sie waren leicht angetrunken, konnten aber noch klar denken. Dachten sie zumindest. Irgendwann rief Philipp nach dem Gastgeber. Das war ich.

»Hör zu. Wir haben nachgedacht. Es ist dir doch klar, dass etwas passieren muss, oder?«

»Kommt drauf an, was du meinst.« Ich griff nach einer Olive und warf sie in die Luft, um sie mit dem Mund wieder aufzufangen.

»Die Piraten. Wir haben abgestimmt, und das Ergebnis war einstimmig. Drei zu null. *Du* musst es also machen.«

»Was muss ich machen?«

»Du weißt schon …«

Ich sah die drei an, sah ihre konspirativen Blicke, und dann verstand ich.

»Fangt ihr schon wieder damit an?«

»Aber du sympathisierst doch mit denen.«

»Ich sympathisiere nicht mit den Piraten. Ich finde nur, wir sollten uns mit ihnen beschäftigen.«

»Und genau das kannst du dann ja jeden Tag machen.«

»Am besten, du deckst irgendwelche Skandale auf!«

»Das brauch ich nicht, das machen die schon selbst.«

»Du scheinst das nicht zu kapieren. Die Piraten dürfen auf keinen Fall in den Bundestag kommen, sonst kannst du deine Drehbücher demnächst gegen ein paar Cent bei der Altpapiersammlung verhökern.«

»Es gibt nur eine Möglichkeit, du musst in die Piratenpartei eintreten und sie von innen heraus bekämpfen ...«

Ich bin nicht ganz sicher, aber ich glaube, so ähnlich ist das Gespräch abgelaufen, das ich auf meiner Geburtstagsfeier mit drei Kollegen von der Drehbuchfront führte. Die Piratenpartei war eine Woche zuvor nach Berlin und Schleswig-Holstein auch noch in den Saarländischen Landtag eingezogen, und wie es aussah, würde sie im Mai NRW entern. Da die Piraten eine, sagen wir mal, feindselige Haltung zum geistigen Eigentum haben, waren Musiker, Autoren und Filmemacher angesichts der spektakulären Erfolge der neuen Bewegung beunruhigt. Man diskutierte, ob man entweder gleich auswandern oder einen Piratenmassenmord begehen sollte.

Die an diesem Abend von meinen Kollegen geäußerte Aufforderung, in die Piratenpartei einzutreten, war natürlich nicht ganz ernst gemeint und eher alkoholisierter Ausdruck einer schleichenden Angst. Trotzdem wurde ich einen Monat später, im April 2012, Piratenparteimitglied Nr. 32972. Einerseits weil ich hoffte, ich könnte die künstlerfeindliche Politik der Piraten beeinflussen, andrerseits interessierte mich in typischer Autoren-Schizophrenie tatsächlich ihre Haltung zu Internet und »Liquid Democracy«.

Und ich kann sagen, allein der Unterhaltungswert der Piraten hat die Mühe gelohnt. In der Zeit meiner Mitgliedschaft erhielt ich erstaunliche Einblicke in die Gefühls- und Gedankenwelt der digitalen Korsaren. Als hätte der Psychoanalytiker Sigmund Freud die Crew zusammengestellt, begegnete ich einem illustren Potpourri aus Fetischismus, Exhibitionismus, Voyeurismus und Sadomasochismus. Da gab es leidenschaftliche Dilettanten, blauäugige Idealisten, lächerliche Antisemiten, alberne Anarchisten, brave Spießer, durchgedrehte Spinner, naive Umweltschützer und Chauvinisten übelster Sorte – eine menschliche Geisterbahn als soziologischer Spiegel der deutschen Befindlichkeit.

Während meiner Zeit bei der bunten Partei machte ich zudem noch eine weitere erstaunliche Entdeckung: Am Beispiel der Piraten lernte ich, wie Parteien entstehen, wie sie ihre Pubertät durchleiden, erste Erfolge feiern, anschließend programmatisch erstarren, bürgerlich werden und zuletzt scheitern, indem sie, von Machtgier korrumpiert, Frieden mit der Gesellschaft schließen.

Heute, nach siebzehn Monaten als »Undercoveragent der Drehbuchautoren«, weiß ich, warum die Piratenpartei untergehen wird. Ich will nicht behaupten, dass ich einen Anteil daran habe – wenigstens keinen großen. Denn die eigentlichen Gründe sind vielfältig und so bunt wie die regenbogenfarbene Frisur des Berliner Abgeordneten Simon Kowalewski. Da ist einmal die betäubende Wirkung der bisherigen Erfolge, dann die damit einhergehende Korrumpierung der Piratenführung, weiterhin der systemische Riss, der die Piratenbasis von der Führung der Partei trennt, ferner die Daily Soap aus Skandalen, Beleidigungen und Shitstorms – und nicht zuletzt der 2. Hauptsatz der Thermodynamik, wonach die Entropie, also das Chaos, immer weiter zunimmt. Dazu später mehr.

Was ich in meiner Zeit bei den digitalen Chaoten erlebt habe, ist also zum einen die kurze, aber dramatische Geschichte eines Anti-Helden und zum anderen die Beschreibung, wie eine Partei, die noch vor kurzem als größte Hoffnung der deutschen Politik galt, inzwischen so kläglich vor sich hin dümpeln kann. Und auch wenn die Entwicklung für die jungen Rebellen traurig und enttäuschend ist, so konnte ich doch aus meinen Erlebnissen 24 Lektionen entwickeln, die jedem zukünftigen Parteiengründer zeigen, was zu beachten ist, wenn man eine Partei ins Leben rufen und wieder ruinieren will. Fünf dramatische Charakterstudien wichtiger Parteigrößen bieten zudem fiktive Einblicke in die seelischen Nöte, emotionalen Zwänge und politischen Irrungen des prominenten Piraten-Personals.

Das mag nach Realsatire klingen. Doch, was ich hier berichte, hat sich tatsächlich so zugetragen. Sogar die Personen, die im Folgenden auftauchen, gibt es tatsächlich. Sie leben im Wiki, bei Twitter und in der Piratenpartei und liefern Tag für Tag ein derart aufregendes Schauspiel menschlichen Begehrens und Verzehrens, dass die sieben Todsünden dagegen albernes Kindertheater sind.

Inmitten dieses seelischen und politischen Fegefeuers begann also im April 2012 meine siebzehnmonatige Reise auf der *Orange Pearl*. Was ich dabei erfahren habe, welche Intrigen und Schlachten ich erleben durfte, wie ich Zeuge von Verrat und Meuterei wurde, davon handelt dieses Buch.

Berlin, August 2013

IN DER PIRATENBUCHT

Oder was bei der Gründung einer Partei zu beachten ist

Der politische Allergiker

Die Mitgliedschaft in einer Partei ist für mich stets mit einer Art Tabu belegt gewesen. Am besten könnte man es mit einem Satz von Woody Allen beschreiben, mit dem dieser Groucho Marx zitiert, der ihn wiederum von Freud hatte. Er lautet ungefähr so: Ich möchte niemals einem Verein angehören, der Leute wie mich als Mitglieder hat!

Allein der Gedanke an Parteiversammlungen löste in mir stets eine hysterische Reaktion aus. Und jeder Auftritt eines Politikers im Fernsehen trug dazu bei, dass sich meine Abneigung verstärkte. Es war so, als würde man mich zwingen, das Dschungelcamp anzuschauen oder zu McDonald's essen zu gehen. Deswegen war ich in den letzten Jahren in die Ecke des frustrierten Spötters mit auffälliger Brille, schütterem Haar und Übergewicht emigriert und hatte die erhabenste Stufe des politischen Zynismus erklommen: die des vielsagenden Schweigens. Griechenland, Steuererhöhungen, der demographische Faktor, Klimawandel – konnte es dilettantischer zugehen? Dazu der hemmungslose Lobbyismus. Und eine Regierung, die vollauf damit beschäftigt war, alte Fehlentscheidungen durch neue zu ersetzen. Und dann die Parteien, diese Versorgungsvereine für Leute, die von dem schrulligen Glauben besessen waren, Gott oder das Schicksal habe unter Millionen ausgerechnet sie dazu auserkoren, die Welt zu einem besseren Ort zu machen!

Ich weiß, das klingt anmaßend. Und vielleicht war meine Haltung ja auch nur Ausdruck der elitären Arroganz eines Schreibers, der sich lieber mit Worten als mit Menschen beschäftigt. Aber zu meiner Verteidigung kann ich anführen, dass ich mit meiner Politik- und Parteienverdrossenheit nicht alleine stand. Unsere Volksvertreter rangieren im gesellschaftlichen Ansehen ja nicht umsonst auf einem der hinteren Plätze, zwar noch vor Hooligans, aber weit hinter Rechtsanwälten, Bankern und katholischen Priestern. Und jedes Mal, wenn ich die Zeitung aufschlug und von Finanzkrise, Klimakatastrophe, Stuttgart 21 und dem Berliner Flughafen las, sah ich mich in meinem Urteil bestätigt, dass der gemeine Politiker von den Anforderungen seines Mandats heillos überfordert ist. Mein Urteil war also gefällt, das Thema Politik scheinbar für alle Zeit für mich abgeschlossen – bis am 18. September 2011 die Piraten die politische Bühne betraten.

Zufällig hatte ich am Morgen dieses wettertechnisch freundlichen Wahlsonntags das Verlangen verspürt, mein sinnloses Kreuz neben irgendeiner bedeutungslosen Partei zu machen. Der Grund für diese Sentimentalität lag wahrscheinlich in dem unbestimmten Bedürfnis, dazugehören zu wollen. Etwa so wie ein Atheist Weihnachten feiert, um seine Kinder nicht zu traumatisieren. Also betrat ich gegen zehn Uhr die Dietrich-Bonhoeffer-Grundschule in der Berliner Meiningenallee. Ein Wegweiser führte mich durch Flure, an deren Wänden Bilder von Clowns und Narren hingen, so als ob sie einen hinterlistigen Kommentar zur Wahl abliefern wollten.

Nachdem ich den Klassenraum der 1. Klasse gefunden hatte, setzte ich das geübt herablassende Grinsen auf, mit dem ich den Wahlhelfern zeigen wollte, wie sehr ich die Veranstaltung für eine lächerliche Show hielt. Ich legte meinen Ausweis vor und nahm betont gleichgültig die Wahlunterlagen entgegen. Anschließend betrat ich die Wahlkabine und überlegte, wie ich den Parteien meine Verachtung für die Banalität ihrer Programme mitteilen konnte. Den Wahlzettel annullieren, indem ich mit umstürzlerischem Heldenmut fünf Kreuzchen bei SPDCDUGRÜNEFDPLINKE machte? Oder vielleicht einen Tourette-Anfall simulieren, dabei obszöne

Beleidigungen in das Klassenzimmer bellen und darauf hoffen, dass ich vom Notarzt abgeholt würde?

Während ich also in meiner Wahlkabine stand, überlegte und haderte, vergaß ich die Zeit, bis irgendwann eine ungeduldige Männerstimme durch den Nebel meiner Ratlosigkeit drang.

»Hallo, ick weeß ja nüscht, aba der Herr in Kabine zwo, dauert et noch lange?«

»Nein, bin gleich fertig«, stammelte ich erschrocken.

»Brauchen Se Hülfe?« Wieder die Stimme, nun leicht genervt.

»Nein, nein, alles gut. Bin gleich fertig. Muss ja gut überlegt werden, das mit dem Kreuzchen.«

»Muss ja gut überlegt werden, das mit dem Kreuzchen«, hatte ich das wirklich gesagt? Ja, ich hatte, und die Inszenierung meiner intellektuellen Überlegenheit war mit einem Mal dahin. Ich fühlte mich gehetzt, gab aus einem unerklärlichen Reflex heraus der Linkspartei meine Erststimme, der FDP meine Zweitstimme und schämte mich bereits für diesen Missgriff, als ich den Umschlag unter den verständnisvollen Blicken der Wahlhelfer in die Wahlurne steckte. Anschließend schlich ich wie ein verurteilter Schwerverbrecher nach Hause und nahm mir unterwegs das Versprechen ab, garantiert zum allerletzten Mal an dem bedeutungslosen Prozedere einer politischen Wahl teilgenommen zu haben.

Gegen Nachmittag hatte ich das peinliche Erlebnis dann emotional schon wieder zu den Akten gelegt. Ich nahm mir vor, mich noch nicht einmal für das Wahlergebnis zu interessieren, weil ich ja wusste, dass ich nichts Überraschendes zu erwarten hatte. Doch dann geschah auf der Autofahrt zurück von einem Ausflug ins Grüne um 18:01 Uhr etwas Merkwürdiges. Inforadio meldete die Piratenpartei in den Prognosen bei weit über 5 Prozent! Und um 20:00 Uhr zog die Partei dann sogar mit 8,9 Prozent der Wählerstimmen in das Berliner Abgeordnetenhaus ein. Ich staunte und sah mich noch am selben Abend der verblüffenden Erosion meiner Vorstellungen von einer »richtigen« Partei ausgesetzt. Vor allem, als in der Abendschau die amtlichen Piraten Gerwald Claus-Brunner mit Palästinensertuch und Blaumann, Simon Kowalewski, der sich als Radikalfeminist vorstellte, und Christopher Lauer mit Dauergrinsen auftraten. Sie sahen für mich eher wie Vertreter einer Hippiekommune aus den 70ern als wie die Kandidaten einer Partei aus.

Ich wettete mit meiner Frau, dass die Piraten zu 50 Prozent von denselben Protestwählern gewählt worden waren, die im Januar 1989 auch die Republikaner ins Abgeordnetenhaus geschickt hatten. Es sah einfach wie der übliche Reflex aus Frust, Wut und Protest aus, der normalerweise dilettantische Parteien über die Fünfprozenthürde hebt. Und wie man weiß, sind gerade die Berliner gerne missvergnügt und zu überraschenden Experimenten in der Politik fähig. Freilich hatte die Piratenpartei coole Plakate geklebt und sich zweifellos witzige Slogans für ihre Plakatwerbung ausgedacht, etwa: »Wieso hänge ich hier, ihr geht ja doch nicht wählen.« Oder: »Fragt mal eure Kinder, warum sie Piraten wählen.« Und natürlich hatte sie es verstanden, sich zu inszenieren. Aber die wenigsten, die sie wählten, kannten das Programm. Zum einen, weil es sie nicht interessierte, und zum anderen, weil es dieses Programm damals noch gar nicht gab ...

An diesem Sonntag saß ich also bis tief in die Nacht vor dem Fernseher und verfolgte das ratlose Gestammel, mit dem zuerst Politiker den Journalisten und die dann wiederum mir zu erklären versuchten, was da gerade passiert war. Die SPD fragte sich, wie es möglich sein konnte, dass eine Partei, die von grenzenloser politischer Einfalt durchdrungen scheint und mit unbekümmerter Ahnungslosigkeit auf Netzfreiheit und Abschaffung des Urheberrechts pochte, solch einen politischen Erfolg einfahren konnte? Die Grünen wollten nicht glauben, dass Fakten, Wissen und komplexe Antworten auf komplexe Fragen von nun an irrelevant sein sollten. Dabei war die Antwort längst gegeben. Was am Berliner Wahltag einzig gezählt hatte, um gewählt zu werden, war offensichtlich die Rebellion gegen die politischen Institutionen. Es ging weniger um Fakten oder Politik oder gar Vernunft, es ging um eine diffuse Unzufriedenheit, um Gefühle wie Wut, Enttäuschung, Unzufriedenheit und den Spaß einer kleinen Rebellion. Das ist nicht neu, und Heerscharen von Soziologen und Psychologen haben auf die Bedeutung der Emotion im Zusammenhang mit scheinbar rationalen Entscheidungen hingewiesen. Trotzdem vergessen wir immer wieder, dass wir weniger ein Homo rationalis als vielmehr ein Homo emotionalis sind.

Lektion 1: Wie man die Massen mobilisiert

Wer eine Partei gründen will, sollte sich unbedingt vergegenwärtigen, wie wichtig die Ausnutzung bestimmter Gefühlslagen für die eigenen Ziele ist. Mit anderen Worten, was jede Partei braucht, um sich Zusammenhalt und Ziel zu verschaffen, ist ein niederträchtiger, charakterloser, hassenswerter Gegner. Nichts eint so sehr wie der Außenstehende, Fremde, Feind, egal ob er geographisch, ideologisch oder religiös verortet ist. Dieser Gegner schweißt zusammen, mobilisiert die Massen und schafft es, Tausende auf die Straße oder an die Urnen zu treiben, motiviert zu wütendem Protest, erhöhter Spendenbereitschaft und moralisch legitimierter Gewalt gegen Sachen. Zu nennen wären da Manager, Schwaben, Nazis, Ausländer, die Content-Mafia, Kapitalisten, Gutmenschen und die korrupte Klasse der inkompetenten, lobbyverseuchten Parlamentarier als Ganzes. Oder die Mafia aus Großkonzernen, Großbanken und Finanzgesellschaften, die Politiker zu Erfüllungsgehilfen degradiert und die Demokratie aushöhlt. Hass auf den Kapitalismus an sich ist zwar sehr populär und eine starke Triebfeder, wird aber nur von einer kleinen Anhängerschaft unter den Wählern geteilt.

Eine überraschende Erscheinung

All das, im Detail mehr oder weniger bedeutend, hatte dazu geführt, dass am 18. September in Berlin die Hydra der Netzgemeinde ihr polymorphes Haupt erhob und Christopher Lauer die Revolution der Politik verkünden konnte. Leider war ich da schon lange vor dem Fernseher eingeschlafen. Als ich am Montagmorgen um sechs Uhr von meiner Frau geweckt wurde, hatte ich zwar wieder die bohrenden Kopfschmerzen, die das RBB-Nachtprogramm regelmäßig bei mir auslöst, aber zugleich hatte sich in mir etwas verändert. Ich weiß nicht, ob irgendwer nach Mitternacht eine unterschwellige Botschaft in mein Unbewusstes versenkt hatte. Doch plötzlich verspürte ich eine sonderbare Neugier auf die Piraten. Vielleicht war es auch einfach nur der anarchistische Rock 'n' Roll, mit dem sie in der vergangenen Nacht den politischen Mittelfinger ins Gesicht der etablierten Parteien gehalten hatten. Natürlich empfand ich es als pubertär, dass sie ihren Namen der Outlaw-Romantik der Freibeuter des Meeres entlehnt hatten. Aber mein Gott, sagte ich mir, wir wissen doch, wie wichtig PR ist. Und natürlich beunruhigte mich aus naheliegenden Gründen auch ihr Versprechen einer digitalen Kostenloskultur. Aber dann dachte ich andererseits wieder, dass darin vielleicht auch ein tieferes Verständnis dieser neuen Technologie namens Internet stecken könnte, die begonnen hatte, unsere Welt zu verändern, wie es zuvor nur durch Buchdruck und Industrialisierung geschehen war.

Ich war also durchaus gespannt auf diese neue Partei, was freilich auch an dem fair gehandelten Bio-Kaffee liegen konnte, den wir seit einer Woche tranken. Jedenfalls sagte ich zu meiner Frau, dass der vergangene Abend mehr gewesen sei als der kurzzeitige Triumph einer radikalen Splitterpartei und es interessant wäre, die Piraten näher kennenzulernen.

»Die Partei oder Marina Weisband?«, fragte sie.

»Beide«, antwortete ich.

»Ach so«, sagte sie beiläufig und nahm ihre Zeitung wieder hoch.

»Ich meine es ernst«, fuhr ich fort. »Der Erfolg, den die gestern hatten, hängt vielleicht doch nicht nur mit Protestwählern zusammen, sondern auch mit dem Internet. Wenn man davon überzeugt ist, dass das Internet unsere Welt verändert, kommt man an den Piraten nicht vorbei.«

»Du erinnerst dich hoffentlich noch daran, dass diese Piraten mit deinem Internet das Urheberrecht abschaffen wollen.« Ihre entnervte Fassungslosigkeit war selbst hinter der Zeitung nicht zu überhören.

»Sie wollen es reformieren.«

Die Zeitung senkte sich, meine Frau sah mich entgeistert an. »Hast du was getrunken?«

»Kaffee.«

»Vor ein paar Tagen hast du mir noch erklärt, dass die dich zum Almosenempfänger machen, wenn die mit ihren Ideen durchkommen.«

»Ich weiß, aber ...«

»Die wollen Schutzfristen verkürzen, das nichtkommerzielle Kopieren von Musik, Filmen und Literatur im Internet legalisieren und die Bestrafung von Filesharern abschaffen.«

»Na ja ...«

»Was heißt ›na ja‹? Die wollen Patente beseitigen, die totale Transparenz im Netz errichten und das bedingungslose Grundeinkommen einführen.«

»Das stimmt, aber ...«

»Die wollen, dass der Staat sie in Ruhe lässt, sie aber gleichzeitig rundherum versorgt.«

»Ich weiß, nur muss man ...«

»Die wollen die familiäre Sozialplazenta zurück, wo Mama Wäsche macht und kocht und Papa die Kinder zu den Hobbys fährt. Und das sind nur die Punkte aus deiner Anklageschrift, an die ich mich erinnere.«

»Ich weiß, nur ...«

»Du wolltest dich sogar schon zur Taxifahrerausbildung anmelden oder für ein Staatsamt bewerben.«

»Das war nicht ernst gemeint, und ...«

»Und?«

»Trotzdem.«

Meine Frau sah mich entgeistert an. In der Mitte ihrer Stirn bildeten sich zwei vertikale Falten, die ich als den mimischen Ausdruck ihrer heimlichen Diagnose »Schädel-Hirn-Trauma« interpretierte. Dann roch sie an meiner Kaffeetasse. Und dann schüttelte sie den Kopf. Das Thema war gestorben.

Zumindest für den Moment. Denn in den folgenden zwei Wochen erzählte meine Frau jedem, der es hören wollte, von meinem Interesse an der Piratenpartei. Ich bin sicher, dass sie dabei nichts Böses im Schilde führte. Die Folge allerdings war, dass die Nachricht wie bei dem Kinderspiel »Stille Post« ihre fatale Runde machte. Sie wurde per Telefon und Mail weitergereicht und ausgeschmückt, bis sie am Ende lautete: Uwe hat die Piratenpartei gewählt und will das Urheberrecht abschaffen! Da zu dieser Zeit Autoren das Thema Piraten ohnehin nur im Zustand infarktnaher Empörung behandeln konnten, wurde ich natürlich bei jeder Gelegenheit auf das Gerücht angesprochen. Ich erklärte dann unermüdlich, dass ich die Piraten-Forderung, das Urheberrecht abzuschaffen, auf keinen Fall richtig fände und dass die Piraten ja auch nicht die komplette Abschaffung des Urheberrechts forderten. Doch eigentlich war das unerheblich. Denn egal, was ich zu meiner Verteidigung anführte, ich wurde zum Piratensympathisanten erklärt und einstimmig zum geistigen Zombie des Monats ernannt.

Als ich dann auch noch bei dem monatlichen Stammtisch des Drehbuchverbandes meinen drei Kollegen in die Arme lief, erreichte das intellektuelle Standgericht seinen vorläufigen Höhepunkt.

»Uwe, die Piraten wollen das Urheberrecht abschaffen.«

»Nein, das wollen sie nicht.«

»Pass auf, wir haben uns was überlegt.«

»Was es auch ist, ich kann nicht! Ich schreib gerade eine Komödie für SAT.1.«

»Vergiss es. SAT.1 sagt doch sowieso wieder ab.«

»Sag mal, warst du nicht in den Siebzigern Vorsitzender vom Spartakusbund?«

»War ich nicht, ich war lediglich Sympathisant und …«

»Jedenfalls kennst du dich mit Parteien aus.«

»Hör mal zu. Du musst was gegen die Piraten unternehmen. Du musst in diese verdammte Partei eintreten und sie von innen heraus zerstören. Es gibt keine andere Möglichkeit. Man kann sagen, es ist gewissermaßen alternativlos.«

«Das habt ihr schon mal gesagt.«

»Wann?«

»Auf meiner Geburtstagsparty.«

»Und worauf wartest du dann noch?«

»Wir unterstützen dich.«

»Das stimmt. Wenn es gefährlich wird, sind wir für dich da. Das weißt du doch.«

So ging es noch eine Weile hin und her, der Plan schaukelte sich hoch, bis ich irgendwann kapitulierte und meinen Kollegen zustimmte: In der Tat wäre es wohl das Beste, jemand würde in die Piratenpartei eintreten, sie ausspionieren, ihre Schwachstellen finden, kompromittierendes Material über sie sammeln und sie von innen heraus zerstören. Die Frage war nur, warum ausgerechnet ich das sein sollte.

Der wackere Piratenjäger

Ich hatte an diesem Abend den Gedanken mehrmals weit von mir gewiesen. Hatte mangelnde Zeit, Lust und Befähigung angeführt. Und doch verspürte ich in den folgenden Tagen eine beunruhigende Lust, den Gedanken in die Tat umzusetzen. Bundesvorsitzender der Piratenpartei! Kein schlechter Eintrag in einer Biographie. Auch wenn ich keine Ahnung hatte, ob ich am Ende ein seelisches Wrack oder, noch schlimmer, ein erfolgreicher Kapitän der Piraten wäre. Als ich meiner Frau davon erzählte, in der stillen Hoffnung, sie würde mich von dem aberwitzigen Vorhaben mit ein, zwei guten Argumenten abringen, wurde ich überrascht.

»Das ist eine gute Idee.«

»Im Ernst?«

»Du sagst doch immer, dass irgendjemand irgendwas tun müsste.«

»Ja, aber meinst du, dass ich ...«

»Warum nicht? Ich kenne niemanden, der sich so intensiv mit dem Thema beschäftigt.«

Ich weiß bis heute nicht, warum sie mich zu der Sache überredete. Ich bin Autor, ein Büromensch, ein Phantast und auf keinen Fall ein Mann der Tat. Gab es da einen Plan? Dachte sie daran, mich loszuwerden, weil sie sich heimlich mit einem anderen Mann, vielleicht sogar einem Piraten treffen wollte? Ich wusste es nicht. Und selbst wenn, im Grunde hatte sie ja recht.

Ich verfolgte seit Monaten geradezu manisch, was sich auf dem Markt der Internetpiraterie tat. In den letzten Wochen hatte ich sogar eine beunruhigende Ahnung davon bekommen, welche Möglichkeiten private und staatliche Einbrecher haben, wenn sie ihre Trojaner und Würmer hinter die Mauern diverser Server schicken. Dabei war ich immer wieder auf die Piratenpartei gestoßen, die als politischer Arm der Netzgemeinde auf die digitalen Straßen ging und eine fahrscheinlose Zukunft forderte, für sich selbst den freien Zugang zu Musik, Film und Literatur verlangte und für den Rest der Welt mehr Demokratie und Transparenz einklagte. Ich hatte sogar die Arbeit an einem neuen Drehbuch unterbrochen, weil ich mich fragte, welchen Sinn es noch hatte, eine Romantic Comedy für SAT.1 zu schreiben, wenn gleichzeitig die digitale Guerilla zum Angriff blies.

Die Botschaften waren nämlich alarmierend. Laut einer

Studie der Gesellschaft für Konsumforschung wurden im Jahr 2011 83 Prozent aller Spielfilme und 62 Prozent aller eBooks illegal heruntergeladen. Sven Regener lag also richtig, als er den Piraten seine Wutrede an den Kopf warf: »... es ist im Grunde nichts anderes, als dass man uns ins Gesicht pinkelt und sagt: Euer Kram ist eigentlich nichts wert. Wir wollen das umsonst haben, wir wollen damit machen können, was wir wollen, und wir scheißen drauf, was du willst oder nicht.«

Da die Piraten zudem im April 2012 in den Umfragen bei 13 Prozent standen, entschloss ich mich nach reiflicher Überlegung zu dem Schritt, den ich bisher als ein sicheres Zeichen für Masochismus im Endstadium angesehen hatte: Ich trat tatsächlich in die Piratenpartei ein. Und weil die Piraten ja die Partei des Internets waren, konnte ich das auch einfach auf der Website der Berliner Piratenpartei machen. Brav füllte ich die Pflichtfelder mit Namen und Adresse aus. Ich gab sogar mein Alter an, weil man online erst ab achtzehn Pirat werden kann. Dann ignorierte ich, dass es gut wäre, wenn ich 1 Prozent meines Jahreseinkommens spenden würde, und setzte ein Kreuz in das letzte Kästchen mit dem Inhalt: *Ich erkenne die Grundsätze, politischen Ziele und die Satzung der Piratenpartei Deutschland an.* Ich wusste zwar nicht, was im Detail damit gemeint war, hoffte aber, dass ich damit kein Piraten-Faschingsoutfit gekauft hatte. Ich bezahlte dann noch den reduzierten Jahresmitgliedsbeitrag von 27 Euro und war am nächsten Tag Pirat Nummer 32972.

Ein hinterhältiger Plan

Eigentlich hätte ich nun einen der Orte aufsuchen müssen, an denen die Piraten sich für gewöhnlich herumtrieben. Ich hätte das scheinbar harmlose Gespräch mit ihnen suchen, mich einschleichen, sie unterwandern und unverzüglich von ihrem Irrweg in Sachen Urheberrecht abbringen sollen. Aber dann fiel mir auf, dass ich keine Ahnung hatte, welche innerparteilichen Regeln und Rituale galten. Wie kommunizierten die Piraten? Waren sie wirklich so aufgeschlossen und unkompliziert, wie sie sich in Presse und Fernsehen darstellten? Gab es tatsächlich keine Hierarchie, und würden sie einen Neupiraten mit genau der Offenheit aufnehmen, wie sie auf ihrer Website behaupteten? Oder würden sie mich, einen feindlichen Drehbuchautor, mit der angemessenen Skepsis begrüßen, mich hinterrücks ausspionieren, während ich dachte, ich würde *sie* hinterrücks ausspionieren? Und würden sie mich dann, nach der Entdeckung meines Geheimauftrages, in einem geheimen Keller einsperren und dem Waterboarding mit Club Mate unterziehen?

Um mich nicht gleich anfangs zu blamieren, hielt ich es für angeraten, mich vorerst digital über Mannschaft, Ziele und Strategien zu informieren. Aus wem bestand diese Flotte digitaler Nerds, die sich anschickte, den festgefahrenen, lobbyverseuchten Demokratiebetrieb aufzumischen? Und wären die Piraten tatsächlich fähig, das revolutionäre Potential des Internets in die Politik zu übersetzen? In der folgenden Woche saß ich von drei Uhr nachmittags bis spät in der Nacht am Computer und entdeckte eine Welt aus Wikis (Unterwebsites der riesigen Piratenwebsite), die so komplex und kompliziert war, dass man sie sofort zur Weltmeisterschaft der Bürokraten hätte anmelden können. Der deutsche Hang zu Gründlichkeit, Fleiß und straffer Organisation, der zu den besten Autos der Welt, den größten Konzentrationslagern und zu den Grünen führte, feierte auch hier fröhliche Urstände.

Jedes Mal, wenn ich ein neues Verwaltungstool entdeckte, stellte ich mir vor, wie Franz Kafka aus diesem Reichtum Material für drei weitere Romane hätte destillieren können. Ich fand Foren, Mailinglisten, Newsserver, Chats. Es gab Mumble (eine Software, um Sprachkonferenzen im Netz durchzuführen), Skype und Piratenpad. Dazu jeweils eine Seite für »Treffen«, »HowTo Stammtisch«, »Termine«, »schwarzes Brett« und das »Mitmach-Portal«. Es existierten 6 Hauptkategorien und geschätzte 45 Unterkategorien. Außerdem hatte jede Arbeitsgruppe, genannt Squad, jede Crew, jeder Bezirksverordnete, überhaupt jede Ebene der Parteiarbeit mindestens eine eigene Mailingliste, oft sogar ein Wiki (Website, die das gemeinschaftliche Arbeiten an Texten erlaubt).

Nun ist es ja eine weitere zutiefst deutsche Eigenschaft, eine Tätigkeit kompliziert zu beginnen, um sie später dann zu einem bürokratischen Moloch auszuweiten. Aber damit noch nicht genug, fand ich nicht nur das System der Piratenkommunikation äußerst unübersichtlich, auch das Erstellen meiner persönlichen Piraten-Website, genannt Wiki, setzte entweder unendliche Geduld oder ein Studium der Informatik voraus.

Für Piraten ist so etwas anscheinend kein Problem. Sie sind gewissermaßen von Geburt an mit einer digitalen Seekarte ausgestattet und finden intuitiv den Weg durch die raue See der Informatik. Ich dagegen irrte hilflos in den Menüs herum und wunderte mich, dass ein Befehl nicht zu Gehorsam, sondern Verweigerung führte. Ich will nicht sagen, dass die Beschäftigung mit der digitalen Piratenwelt an die von Automaten ausgeführten Übersetzungen nordkoreanischer Gebrauchsanleitungen für Atombomben erinnerte, aber es kam dem nahe.

Warum war das so? Hatten die Piraten kein Verständnis für die Welt da draußen? War sie a) feindlich, b) ignorant, c) von gestern? Wollten Piraten sich nicht vorstellen, dass ein Teil der Bevölkerung mit ihnen sympathisierte, aber beim Eintritt in die digitale Piratenwelt zurückschreckte? Als ich Wochen später, bereits als Mitglied in einer Crew, dem Bezirksbevollmächtigten diese Frage stellte, lautete die Antwort:

»Geh zu Google, ist alles genau beschrieben.«

»Aber es ist kompliziert beschrieben.«

»Und?«

»Okay, schon mal was von ›keep it simple, stupid!‹ gehört?«

»Ja.«

»Und warum macht die Piratenpartei das nicht?«

»Warum sollten wir?«

»Damit andere verstehen, wie etwas funktioniert?«

»Wenn andere es verstehen wollen, dann sollen sie sich selbst darum kümmern. Wir sind eine Mitmachpartei und nicht die Volkshochschule.«

»Aber ihr wollt doch ... das heißt, *wir* wollen doch neue Mitglieder haben. Oder nicht?«

»Ja, aber wir sind eine Mitmachpartei und nicht die Volkshochschule!«

Mit dem starken Gefühl eines Déjà-vus fragte ich nicht weiter nach. Stattdessen begann ich zu verstehen. Die gemeinen Piraten waren zwar eine Gemeinschaft, aber noch wichtiger war ihnen, dass sie als Individuen verstanden wurden. Und warum sollte ein Individuum sich um die Probleme eines anderen Individuums (in dem Fall ich) kümmern, wenn es keinen Vorteil davon hatte? Und selbst der Hinweis, dass die Partei davon profitieren würde, reichte nicht aus, weil für den gemeinen Piraten die Partei letztlich nur das Versprechen von Gemeinschaft mit Gleichgesinnten ist.

Obwohl es also mühsam und zeitraubend war, die Piratenpartei auszuforschen, wurde ich bald süchtig nach dieser Welt und all dem, was sie für mich an Überraschungen bereithielt. Auch wenn ich an der Erstellung meiner persönlichen Piraten-Homepage scheiterte oder wochenlang niemanden erreichte, der mir Zugang zum Heiligtum der Piraten, nämlich Liquid Feedback (einer Art digitalen Quasselbude), ermöglichen konnte, saugte ich alles auf, was es von und zu den Piraten zu lesen gab. In der U-Bahn, im Café Einstein, sogar sonntagmorgens im Bett. Und ich kam aus dem Staunen nicht mehr heraus. Jede Idee, jede Initiative, jede noch so kleine Gruppe hatte bei den Piraten ihr Zuhause, also im Netz ihren akkuraten Platz. Egal ob Gaslaternen in Charlottenburg oder das bedingungslose Grundeinkommen, ob Widerstand gegen

Nazis oder Hundekacke auf einem Kinderspielplatz in Marzahn – kein Antrag, und war er noch so unbedeutend, ging hier verloren. Und selbst wenn doch einmal etwas im digitalen Meer versank, machte das nichts. Für jedes Anliegen, das verlorenging, tauchten zehn neue auf. Gerne auch solche, die sich grundsätzlich mit der Machtfrage auseinandersetzten. Es war großartig!

Vor allem, weil es zeigte, dass die Piraten verstanden haben, welchen Einfluss das Internet als neues Medium auf unsere Kommunikation hat. Nicht nur als Plattform für Raubkopierer und russische Datendiebe, für Informationen zum Bau von tragbaren Atombomben und sodomitischer Pornographie, sondern vor allem als Raum für eine verblüffende Ermächtigung eines jeden Menschen. Im Internet kann sich jeder als Lobbyist seiner eigenen Interessen äußern, kann sich beschweren, sich mitteilen, Initiativen gründen, diese weltweit verbreiten, und er wird, wenn er es clever anstellt, auch gehört.

Und mittendrin in dieser Kommunikationsrevolution schipperten die Piraten. Während andere Parteien mit Griechenland, Energiewende oder einem dilettierenden Bundespräsidenten beschäftigt waren, der das Geld seiner Schwiegermutter in bar mit sich herumtrug, drohten die Piraten mit der Basisdemokratie aus dem Netz. Diese Basisdemokratie, so verkündeten sie, würde die Machtverhältnisse zum Wanken bringen, weil von nun an jeder User sich äußern, an einer digitalen Protestaktion oder einem Shitstorm teilnehmen könne und damit die Möglichkeit erhalte, den Meinungsbildungsprozess zu beeinflussen.

Da ein derart ambitionierter Plan natürlich nicht ohne sorgfältige Organisation der Kräfte umzusetzen war, gab es auch bei den Piraten dann doch die notwendige Hierarchie. Sie begann in den unzähligen Crews, die eine Art piratischer Ortsverband waren und damals an jeder Ecke in Berlin wie Schlaglöcher aus dem Boden schossen, und endete in einem

Vorstand, der keine Meinung haben durfte und nur eine Art Verwalter war. Sogar im kleinbürgerlichen Charlottenburg gab es solche Crews, wie ich auf einer Mailingliste sehen konnte.

Ich wusste, wenn ich meine Mission Impossible wirklich durchführen wollte, musste ich den Status des stillen und heimlichen Mitglieds beenden. Ich musste an Bord gehen, um die relevanten Informationen für die Durchführung meines Planes zu sammeln. Nun gilt unter Autoren zwar die ungeschriebene Regel, dass Recherche ein Zeichen von Phantasielosigkeit, handwerklichem Unvermögen und unsolidarischem Verhalten gegenüber den Kollegen ist, aber in diesem Fall ging es nicht anders. Deshalb meldete ich kühn meinen Besuch bei der Ku'damm-Crew an!

Der Schläfer schleicht sich ein

Es gab allerdings zwei Probleme. Zum einen war die Ku'damm-Crew zu diesem Zeitpunkt noch nicht offiziell gegründet, und zum anderen würde es mein erster Kontakt mit einer Partei sein, seit ich als Achtzehnjähriger im trotzkistischen Spartakusbund beinahe die Weltrevolution herbeigeführt hatte. Deshalb war ich, als der entscheidende Montag im Mai 2012 nahte, doch reichlich nervös. Würden die Piraten wissen, dass ich vor Wochen den wütenden Brandbrief der Tatortautoren unterschrieben hatte, in dem wir die Piraten aufforderten, sich von ein paar Lebenslügen zu verabschieden? Würden sie mich sofort wieder aus der Partei werfen und mich mit einem Shitstorm überziehen, meinen Computer hacken und meinen Mail-Account so außer Funktion setzen, dass ich für alle Zeit in der digitalen Steinzeit leben müsste?

Zur Sicherheit zog ich Klamotten an, von denen ich dachte, dass sie am ehesten zu einem Piraten passen würden: eine abgetragene Jeans, ein schlabbriges T-Shirt, ein Paar Turnschuhe, die ich zuletzt bei der Renovierung unserer Wohnung benutzt hatte. Als ich mich dann meiner Frau zur Endabnahme meines piratischen Outfits präsentierte, sah sie mich skeptisch an.

»Gibt es einen Grund, dass du im Mai zum Fasching gehen willst? Hab ich was verpasst?«

Ich schüttelte den Kopf und zog mich noch mal um. Dann machte ich mich auf in die Höhle des Löwen. Natürlich nicht, ohne vorher die Geschichte meiner neuen Partei gewissermaßen auswendig gelernt zu haben.

Die Geschichte der politischen Piraterie

Im Jahr 2006 stürmte die Polizei in Stockholm die Firma *The Pirate Bay*, weil die Nerds Gottfrid Svartholm, Peter Sunde Kolmisoppi und Fredrik Neij es möglich gemacht hatten, dass ein paar Millionen Raubkopien von Musik, Filmen, Computerspielen und Büchern im Netz heruntergeladen werden konnten.

In Deutschland verließ daraufhin der Pirat Jens Seipenbusch (der zu dem Zeitpunkt noch nicht wusste, dass er es später bis zum Piratenkapitän bringen würde) seine universitäre Bucht in Bochum, um die Politik und die Urheber auf offener See anzugreifen. Die Konflikte rund ums Internet hatten nämlich in den Monaten zuvor eine bedrohliche Eskalationsstufe erreicht. Da war von der Polizei der schwedische Pirate-Bay-Server beschlagnahmt worden, der es ermöglichte, Musik, Filme und Texte unter Umgehung des Urheberrechts herunterzuladen, ohne dafür bezahlen zu müssen. Deutschlandweit wurden Leute, die sich diese Musik, Filme, Texte auch von anderen Servern besorgten, frecherweise von den Urhebern und ihren Anwälten abgemahnt. Das konnte und wollte Seipenbusch nicht unkommentiert geschehen lassen. Zum Glück hatte er zu diesem Zeitpunkt gehört, dass es auch in Deutschland noch andere gab, die mit den herrschenden Verhältnissen unzufrieden waren. Also gründete Seipenbusch zusammen mit 53 anderen Piraten am 10. September 2006 in den Räumen des Vereins c-base in Berlin die Piratenpartei. Das Ziel lautete, eine neue Technologie, die die traditionellen Vorstellungen von Produzent und User radikal veränderte, zu befördern und zu verteidigen.

Prompt schrie die von den Piraten sogenannte Content-Mafia namens GEMA und VG Wort auf, weil sie ihre Felle wegschwimmen sah. Und die Politik, die mit argumentativer Schnappatmung hinter der digitalen *Orange Pearl* herruderte, wusste nicht, ob sie die amtlichen Vertreter der Nerds umarmen oder verdammen sollte. Haben die eine Zukunft, fragte man sich in den parteieigenen Think-Tanks und wusste keine Antwort. Zumal der basisdemokratische Zusammenschluss von Nerds, Hackern, Linken und Filesharern zu diesem Zeitpunkt auch noch nicht entschieden hatte, ob und wo er die Politik angreifen sollte. Und bis das entschieden war, hissten Seipenbusch, Leng, Huwald und Co. schon mal auf alle Fälle die schwarze Flagge mit dem Totenkopf.

Bald erhielt die neue Bewegung Zulauf von all denen, die das Netz als ihre digitale WG inklusive Hobbykeller betrachteten. Und wenn dann diese WG durch Überwachungstrojaner eingeschränkt wurde, weil der Staat kontrollieren wollte, wer im Netz was und zu welcher Zeit machte, war es vorbei mit der grenzenlosen Freiheit des Netzes. Für die Netzgemeinde, die zum großen Teil aus Singles und unter allen Umständen aus Individualisten besteht, ist das Netz nämlich ein unverzichtbares Wohnzimmer, um den sozialen Zusammenhalt zu pflegen, um sich zu äußern, sich darzustellen, aufzufallen und zu verschwinden. Also taten die Nerds das, was alle Bürger machen, die ihr Heiligstes in Gefahr sehen: Sie traten, wie es sich für ordentliche Revolutionäre gehört, einer Partei bei. In diesem speziellen Fall der Piratenpartei, deren programmatisches Ziel, wie gesagt, vorerst darin bestand, im Netz kostenfrei und anonym machen zu dürfen, was man wollte.

Das Grundsatzprogramm rief dazu passend den Untergang des Abendlandes und aller umliegenden Ortschaften aus, weil die Würde des Menschen gefährdet sei, Wissen und Kultur bedroht, und sich überhaupt eine totalitäre und globale Überwachungsgesellschaft allerorten abzeichne. Deswegen müsse die Wahrung der Privatsphäre sowie die informationelle Selbstbestimmung unter allen Umständen gesichert werden.

Obwohl nun die Partei einen beachtenswerten Zulauf erhielt, wäre sie doch beinahe wieder in der Bedeutungslosigkeit verschwunden, wenn nicht zufällig das in Erscheinung getreten wäre, was jede Gruppe braucht, um sich Zusammenhalt und Ziel zu verschaffen: ein niederträchtiger, charakterloser, hassenswerter Gegner. Nichts eint ja bekanntermaßen so sehr wie der Fremde, egal ob er geographisch, genetisch, ideologisch oder religiös verortet ist. Wichtig ist dabei, dass er auf der falschen Seite steht und dadurch zum Feind erklärt werden kann. Da macht es dann auch keinen Unterschied, zu welcher Partei er oder sie gehört. Wolfgang Schäuble und Ursula von der Leyen standen vor diesem Hintergrund 2009 bereit, um mit ihren Forderungen nach Vorratsdatenspeicherung und Netzsperren der digitalen Gemeinde das dringend benötigte Feindbild des hässlichen Politikers zu liefern. Prompt gingen die Menschen unter der Losung »Freiheit statt Angst« zu Tausenden auf die Straße, und die Piratenpartei jubelte. Endlich hatte das Böse Gesicht und Namen bekommen, woraufhin die Zahl der Mitglieder auf 10 000 wuchs und bei der Bundestagswahl im selben Jahr knapp 850 000 Menschen der Partei ihre Stimme gaben. Was für ein Triumph!

Mal abgesehen davon, dass es immer wieder Rückschläge gab, weil man sich innerparteilich um die reine Lehre prügelte, der Erfolg war den Piraten vorerst nicht mehr zu nehmen. Und mit derart breiter Brust konnte man sich jetzt hinter den Barrikaden hervorwagen und Forderungen stellen, die seitdem die Offliner in Unruhe versetzen. Ich weiß nicht, ob die Piraten zu diesem Zeitpunkt einen Spin-Doctor hatten, aber wenn es so war, muss er ein Genie gewesen sein.

Auch der Piraten-Schlachtruf »Urheberrecht!« war ein hervorragender Coup. Er beinhaltete alles, was nötig ist, um eine Masse Menschen zu mobilisieren: Da war einerseits der Angriff gegen den Feind »reiche« Künstler, die mit »lächerlichem« Aufwand Millionen kassierten und asozial, wie sie waren, nichts davon hergeben wollten. Da war die Verheißung einer neuen digitalen Zeit, in der jedermann (und -frau), frei von Beschränkungen und Verfolgungen, seine Unterhaltungsbedürfnisse befriedigen konnte. Und nicht zuletzt war da eine Presse, insbesondere das Feuilleton, das sich schadenfroh angesprochen fühlte, weil seine hassgeliebte Klientel aus Autoren, Musikern, Filmemachern endlich mal so richtig eins auf die Fresse bekam.

Innerhalb kürzester Zeit konnten die Piraten ihre Expertise als Digital Natives vorführen, erhebliche Kompetenz zeigen und sich mit der Forderung nach dem Recht auf Privatkopie, Verkürzung der Schutzfristen auf 5 Jahre und Abschaffung von Verwertungsgesellschaften erfolgreich auf die mediale Bühne katapultieren. Beim Wahlvolk wuchs folglich die Zustimmung für die Partei von Woche zu Woche. Im September 2011 zogen sie mit 8,9 Prozent ins Berliner Abgeordnetenhaus ein und standen im April 2012 bei 13 Prozent. Das bedeutete, die Tendenz weitergeführt, sie würden mit 20 Prozent und mehr in weitere Landtage einziehen, 2013 mit 40 Prozent in den Bundestag – und dort dann per Twitter das Urheberrecht abschaffen und stattdessen das Recht auf öffentliche Nacktheit, Zeitreisen und das bedingungslose Grundeinkommen einführen. Und das alles nur, damit sie und ihre Klientel endlich legal das tun könnten, was sie die ganze Zeit schon taten: zu Hause rumsitzen und Musik, Filme, Bücher aus dem Netz herunterladen, ohne dafür zu bezahlen.

Lektion 2: Empörung wecken, Angst hervorrufen

Wie der eine oder andere vielleicht aus persönlicher Erfahrung weiß, ist so manche Parteigründung daran gescheitert, dass nicht mehr als zwei weitere Personen (Freund, Freundin, Eltern, Saufkumpane) mitmachen wollten. Es ist also nahezu unmöglich, sowohl das soziale Paradies als auch den Weltuntergang herbeizuführen, wenn es nicht eine ordentliche Zahl an Mitstreitern gibt. Das bedeutet für dich als Parteigründer zwar, dass du einen Teil des möglichen und bereits einkalkulierten Ruhms wenigstens am Anfang teilen musst, doch kann dieses Manko später durch geeignete innerparteiliche Intrigen wieder ausgeglichen werden.

Ferner ist es für die Gründung einer Partei unverzichtbar, die politische Botschaft in einen griffigen, provozierenden Slogan zu verpacken. Geeignet ist in diesem Zusammenhang alles, was Empörung weckt und Angst hervorruft. Der Schlachtruf muss dabei noch nicht mal ernst gemeint sein. Er kann sogar, wenn er seinen Zweck erfüllt hat, durchaus wieder zurückgenommen werden. Geeignet sind hier: Umweltzerstörung, Atomkraft, Arbeitsplatzverlust, Ausländer, Neoliberalismus, Globalisierung, Bankenmafia, Bürokratisierung, Brüssel. Versichere dich dazu der Unterstützung der Massenmedien, die in ideologischer Bruderschaft deine Botschaft in die Welt hinaustragen. Ein einziger Artikel kann Dutzende Reden ersetzen, eine Reihe von Berichten über die Partei ersetzt ein ganzes Programm.

Der Schläfer schleicht sich ein (Fortsetzung)

Am 8. Juni hielt ich gegen 17:00 Uhr mit meinem Roller vor dem »Papillon de nuit«, einer unscheinbaren Bar mitten in Charlottenburg unweit des großmäuligen Ku'damms an der Ecke Knesebeckstraße/Mommsenstraße. Die Lokalität wird vom Besitzer als »die ansprechende Raucherbar« beworben, was auch immer das heißen soll. Vermutlich in den 80er Jahren erbaut, ist ihre Einrichtung die ästhetische Entsprechung zu gelben Jacken mit übergroßen Schulterpolstern. Viel Holz, viel Leder, Spiegel an der Decke und goldfarbene Handläufe. Das war also der Ort, an dem die neue Crew Ku'damm-Piraten gegründet werden sollte. An den Tischen vor dem Lokal saßen ungefähr zwanzig Gäste, die sich als Mitglieder und Sympathisanten der Piratenpartei zu erkennen gaben und mich mit vorsichtiger Freundlichkeit begrüßten.

Es war ziemlich laut. Auf meine Frage, warum man draußen sitze, wo doch der Kurfürstendamm keine zwanzig Schritte entfernt infernalischen Lärm produziere, lautete die Antwort: weil so schönes Wetter sei und weil Piraten ihr Gebot der Transparenz immer und überall geradezu fundamentalistisch hegen und pflegen müssten. Ich setzte mich in zweiter Reihe auf den letzten freien Stuhl. Markus, der Initiator des Treffens, ein jugendlicher Mittvierziger mit unruhigem Blick und der honorarabhängigen Freundlichkeit eines Rechtsanwalts, schlug eine kurze Vorstellungsrunde vor, damit geklärt werden konnte, wer sich hier versammelt hatte. Reihum nannte jeder Name, Alter, Herkunft. Die Männer erwähnten ihre Berufe, die wenigen Frauen, dass sie nur als Begleitung ihrer Männer da seien und lediglich mal »reinschnuppern« wollten. Dazu lächelten sie entschuldigend und zogen die Schultern ein, wie Angela Merkel es gerne macht, wenn sie sich von sich selbst distanziert.

Da der Straßenlärmpegel als gesundheitsschädigend gelten konnte und der Kellner dennoch unverdrossen Bestellungen entgegennahm, erfuhr ich nur bruchstückhaft, dass es sich bei den neuen Basispiraten um Anwälte, Baustatiker, im Gesundheitswesen Tätige und Lebenskünstler handelte. Irgendwann war ich an der Reihe. Ich hatte mich inzwischen entschieden, dem Feind mit stolz erhobenem Haupt entgegenzutreten, und nuschelte frei heraus meine Verwicklung in den offenen Brief der Tatort-Autoren.

Stille. Erstaunte Blicke taxierten mich, so als hätte ich

während Beethovens Neunter an einer leisen Stelle laut gerülpst. Ich schickte noch schnell hinterher, dass ich aber trotzdem an den Piraten und ihrer Politik interessiert sei. Doch das war eigentlich überflüssig. Denn meine Befürchtung, dass die Piraten, wie es sich für eine ordentliche linke Partei gehört, in mir sofort die faschistoiden Organe des Überwachungsstaates am Werk sähen, erwies sich als übertrieben. Solange man kein Nazi ist oder jemanden verteidigt, der Nazi ist, oder jemanden verteidigt, der jemanden verteidigt, der Nazi ist, wird von Piraten alles verziehen. *Fast* alles.

Lediglich die Piratin Claudia erkundigte sich mit sicherem Instinkt, ob ich ein U-Boot sei. Ich wies den Verdacht empört zurück und fragte sie, ob sie mich kränken wolle (ein Argument, das meistens zieht, weil es die emotionale Ebene ins Spiel bringt). Sie verneinte, und das Thema war vorübergehend vom Tisch. Nur mein Tischnachbar erkundigte sich nach meinem letzten Drehbuch und was man als Autor verdiene. Ich nannte ihm die Summe, woraufhin er beeindruckt nickte.

»Echt?«

»Ja.«

»Das ist viel.«

»Ist ja auch viel Arbeit.«

»Trotzdem.«

Er nickte weiterhin, lächelte mich verständnisvoll an und schien sich ansonsten nicht für mich zu interessieren. Aber als ich ihn aus den Augenwinkeln beobachtete, konnte ich sehen, wie sich hinter seiner Stirn eine weitere Argumentationskette für das Recht auf kostenlose Privatkopie aufbaute. Da half auch mein Hinweis nicht mehr, dass ein Autor manchmal monatelang keinen Job habe. Und dass manche Drehbücher nie verfilmt würden. Ich hatte es vergeigt. Wieso konnte ich auch meinen Mund nicht halten? Wieso war ich der Frage nicht ausgewichen? Wieso hatte ich nicht das beliebte Autoren-Lamento angestimmt? Ich wusste es nicht. Doch zum Glück, und bevor ich mich noch länger imaginär auspeitschen konnte, ging es am anderen Ende des Tisches schon hoch her.

Der Crew-Kapitän in spe, Markus, wollte wissen, ob ein Crew-Treffen als Stammtisch inklusive Bierkonsum oder als konzentriertes Arbeitstreffen zu verstehen sei. Erste feine Unterschiede in den Erwartungshaltungen wurden sichtbar. Für die einen war »Ku'damm-Crew« kein Name, der mit dem Crew-Konzept konform ging, demzufolge die Crews Namen versunkener Schiffe erhalten sollten, für andere ging es nur um Bier, weshalb ihnen der Name letztlich gleichgültig war, und eine dritte Gruppe wollte die viel wichtigere Frage nach dem Amt des Kapitäns und des Navigators beantwortet haben.

Jede Crew, erfuhr ich bei dieser Gelegenheit, muss einen geschlechtsneutralen Kapitän und einen geschlechtsneutralen Navigator wählen. Wobei stets betont wurde, dass man absichtlich das generische Maskulinum verwende, weil damit männliche wie weibliche Personen gemeint sein könnten. Unabhängig davon sollten Kapitän und Navigator, egal ob Mann oder Frau, ohnehin keinerlei Entscheidungsgewalt haben: Der Kapitän moderiert und vertritt die Crew nach außen, der Navigator koordiniert, betreut neue Crewmitglieder und ist verantwortlich für die Pflege der Wiki-Seite. Und beide können jederzeit abgewählt werden. Obwohl damit die vollkommene Bedeutungslosigkeit dieser Jobs ausführlich beschrieben war, stritten wir dennoch ausführlich darüber, ob Markus, der Initiator der Ku'damm-Crew, diesen Posten übernehmen solle oder eine konkurrierende Piratin, die ihre Führungsambitionen kaum verbergen konnte.

Wie ich von Helmut, einem weiteren Piraten, erfuhr, hatte diese Dame vor Monaten schon einmal versucht, die Crew der Ku'damm-Piraten zu gründen, in der sie natürlich Kapitän und Gallionsfigur sein würde. Da sie damals gescheitert war, versucht sie nun, die neu entstehende Crew zu kapern. Ihre Augen funkelten, und ihre Stimme wurde zunehmend lauter, während sie sich ein packendes Duell mit Markus lieferte:

»Ich wusste gar nicht, dass mit der Einladung zu einem Treffen auch sofort die Positionen verteilt sind.«

»Das hat niemand gesagt«, verteidigte sich Markus.

»Und wieso bestehst du dann darauf, Kapitän zu sein?«

»Ich bestehe nicht darauf, ich will nur, dass wir darüber diskutieren.«

»Wenn du nicht darauf bestehst, wieso sträubst du dich dann dagegen, dass sie unser Kapitän wird«, tönte es aus dem Hintergrund.

»Ich sag es noch mal. Ich will nur, dass wir das diskutieren. Das ist doch wohl piratisch, oder?«

Leider war kein Alt-Pirat anwesend, der die Frage, was »piratisch« ist, hätte klären können. Dafür meldeten sich nun immer mehr Neu-Piraten zu Wort, um die Frage der Führerschaft zu klären. Dabei fiel man sich munter ins Wort, schaukelte sich hoch, bis schließlich der krönende Gipfel jeder Führungsdiskussion erreicht war: die persönliche Verletzung.

»Wenn wir richtige Piraten sind und wenn das hier eine richtige Crew sein soll, dann ist es egal, wer der Kapitän ist, weil hier kein Platz ist für Hierarchie-Scheiße.«

»Ich dachte, es geht um Basisdemokratie.«

»Wenn das hier so abläuft, ist das nicht meine Partei.«

»Kann ich noch ein Bier haben?«

»So ein Kindergarten.«

»Das ist kein Kindergarten, denn dafür müssten das hier Kinder sein. Aber es sind alle miteinander anale Zwangscharaktere.«

Man bildete Fraktionen, versuchte zu schlichten, schaukelte sich hoch und drohte wechselseitig mit nicht ernst gemeinter Kapitulation. Alles in allem war es ein schönes Schauspiel menschlicher Eitelkeiten, vor denen auch Piraten nicht gefeit sind. Ich fühlte mich gut unterhalten und hätte gern noch länger zugeschaut. Doch leider resignierte Crew-Initiator Markus gegen 22:30 Uhr, zog nicht nur seine Kandidatur, sondern auch sich selbst zurück und überließ die herrschaftsfreie Allein-Kandidatur der Gang-Chefin. Mit überwältigender Mehrheit und ohne zeitraubende Gegenprobe wurde sie dann zum Kapitän der noch fötalen Crew gewählt. Das war zwar alles andere als eine demokratische Prozedur gewesen, aber zumindest hatte das gierige Gerangel um Posten und Aufgaben verhindert, dass meine Autorenherkunft weiter hinterfragt wurde.

Nach dieser unterhaltsamen Vorführung des Menschlich-Allzumenschlichen fuhr ich fröhlich nach Hause und konnte noch am selben Abend in der Bezirksmailingliste Charlottenburg das Aufziehen eines gewaltigen Shitstorms beobachten. Als ginge es um ein schweres Verbrechen, hielten die Diskutanten ihr Psychodrama noch tagelang im Netz am Leben und führten einen beeindruckenden Katalog emotionaler Angriffe und seelischer Verletzbarkeiten vor. Da wurde mit großer Ausdauer über Konsorten, Lügen, Inquisition, Hexenverbrennung gelästert, da attestierte man jede erdenkliche Art von Neurosen und, Achtung, als schlimmste Verfehlung: unpiratisches Verhalten. Selbst die Ordnungsrufe einiger besonnener Oberpiraten verhallten da ungehört im Online-Schlachtgetümmel, sodass ich mich eine Woche später verwundert und entnervt fragte, ob dieses Schauspiel nicht sogar der eigentliche Zweck der Crew-Gründung gewesen war.

Das war es. Doch auch wenn dadurch Narzissmus, Egozentrik und Paranoia in bisher unbekanntem Ausmaß zum Leben erwachen durften, wollte ich dieses Hochamt menschlicher Eitelkeiten und Empfindlichkeiten nicht als dilettantisch abqualifizieren. In »professionellen« Parteien geht es ja bekanntermaßen nicht anders zu, auch dort wird täglich die Daily-Soap-Fassung von *Richard III.* aufgeführt. Der Unterschied lag in der arglosen Offenherzigkeit, mit der die Piraten ihre Kriege zelebrierten. Eine Woche später gründete die »Markus-Fraktion« die rivalisierenden Q-Damm-Piraten, ernannten den Crew-Initiator Markus zum geschlechtsneutralen Kapitän und Hermann-Josef zum ebenfalls geschlechtsneutralen Navigator. Anschließend eröffnete Markus eine Seite im Netz (und damit ein weiteres der berühmten »Wikis«) und verkündete: »Hier wird unverkrampft und ohne Vorurteile, so wie es Piratenmanier ist, diskutiert, gezecht und auch gelacht (›Aus einem verkrampften A... kann kein freier F... entweichen!‹).«

Lektion 3: Parteifreunde müssen domestiziert werden

An dieser kleinen Episode lässt sich erkennen, wie wichtig es für eine Parteigründung ist, die potentiellen Mitstreiter nach ihren Interessen zu befragen. Schon auf der Ebene des Ortsverbandes (bei den Piraten Crew genannt) musst du der Gefahr vorbeugen, dass diese ähnliche Ziele wie du, der Initiator der Bewegung, hegen (Ruhm, Karriere, Frauen, Heilung von Neurosen). Sie müssen vielmehr domestiziert werden, und geradezu ideal ist es, wenn deine Parteifreunde in spe sich mit der Rolle des stillen Strategen, fleißigen Zuarbeiters oder Kassenwarts zufriedengeben. (Das generische Maskulinum ist hier übrigens angebracht, weil in dieser Phase der Parteiengenese Frauen nur vereinzelt auftauchen, da sie a) nicht denselben Geltungsdrang wie ihre männlichen Parteifreunde haben, b) seltener unter Größen- oder Verfolgungswahn leiden, c) Verschwörung nicht mit Paranoia verwechseln.)

Der zweite Kontakt

Derart aufgeklärt, wagte ich mich eine Woche später in die Geschäftsstelle der Bundes- und Landespiraten in der Berliner Pflugstraße 9, parteiintern P9 genannt. Ich hatte am Vortag angerufen, um mich für einen Dienst, welcher auch immer das sein sollte, eintragen zu lassen, und einen Einführungstermin um acht Uhr vereinbart. Also stürzte ich mich an einem Mittwoch um halb acht in den Berliner Berufsverkehr, in dem die Regel gilt, Autofahrer dürfen Motorroller von der Fahrbahn abdrängen, solange der fließende Verkehr nicht durch herumliegende Rollerfahrer beeinträchtigt wird.

Als ich deswegen eine halbe Stunde zu spät kam, war das nicht weiter schlimm. Der Beauftragte für die Bundes- und Landesgeschäftsstelle, dessen richtigen Namen ich bis heute nicht kenne, beruhigte mich und erklärte, er sei schon um sieben da gewesen. Ich wollte das nicht so recht glauben, weil er ein wenig zerknittert aussah und es in dem Raum nach Schlaf roch. Doch das irritierte den Bundeshausmeister nicht im Geringsten. Stattdessen erklärte er mir, wie die Kaffeemaschine funktioniere und wo Club Mate stehe (ein alkoholfreies Erfrischungsgetränk mit einem doppelt so hohen Koffeingehalt wie Coca Cola, auch »Hackerbrause« genannt).

Anschließend erfuhr ich, dass ich außer für den konfliktfreien Abtransport des defekten Kühlschranks auch noch zuständig war für: Geschirr beiseiteräumen, Telefonate entgegennehmen, Auskunft über Termine und Adressen erteilen und Besucher in der Geschäftsstelle empfangen.

»Und dann musst du nach den Toiletten schauen, weil Piraten manchmal vergessen, die Spülung zu drücken«, beendete der Bundesbeauftragte die Unterweisung.

»Das sind verantwortungsvolle Aufgaben«, antwortete ich, »vor allem die letzte.«

»Ja, aber nachher kommt noch Oli. Vielleicht auch Ronny. Aber die kümmern sich um Vorträge für Schulklassen und Besuchergruppen, die sich für die Piratenpartei interessieren.«

»Okay, das schaff ich schon.«

»Klar. Das ist aber noch nicht alles. Gläser und Flaschen vom Vorabend kommen ins Spülbecken, die Handtücher vom Vortag in eine Kiste. Und die Jalousien müssen hochgezogen werden.«

Es war eine ordentliche Menge an Aufgaben, und ich hatte, kaum dass wir die Liste bewältigt hatten, die ersten sofort wieder vergessen. Meinen Bundesbeauftragten kümmerte das jedoch nicht. Er hatte ein Programm, und das spulte er ab.

»Und was machst du?«, fragte ich ihn.

»Ich pass auf. Und denk dran, an der Tür und am Telefon nicht in längere Gespräche verwickeln lassen. Hier rufen jeden Tag Kranke an.«

»Wie meinst du das, Kranke?«

»Piraten.«

»Kranke Piraten? Wieso rufen die nicht beim Arzt an?«

»Ich meine all die Deppen, die nichts anderes zu tun haben, als dauernd über die Partei zu schimpfen, oder die anrufen, weil sie eine geile Idee haben, die unbedingt ins Parteiprogramm aufgenommen werden muss, oder auch einfach nur, weil sie jemanden zum Reden brauchen.«

»Sind das viele?«

»Ungefähr 35 000«, sagte er ironisch.

Danach erfuhr ich, wer in den kleinen, unaufgeräumten Büros wo sitzt, wo der Landesverband und wo der Bundesvorsitzende seinen Schreibtisch hat. Dann kam Oli hinzu und dann noch Bart, und dann frühstückten wir erst mal gemütlich. Schließlich war es erst zehn Uhr morgens.

Nach einer Weile – und vor allem, nachdem ich auch hier verraten hatte, dass ich Drehbuchautor sei, und von dem offenen Brief der 51 Drehbuchautoren erzählte – wurden meine Mitpiraten vertrauensselig. Sie wollten wissen, was in dem Brief stehe. Ich fasste die wichtigsten Aussagen zusammen, und es entspann sich ein lockeres Gespräch etwa dieser Qualität:

»Also, in dem Brief steht, dass die Piraten im Interesse von Usern den Diebstahl von geistigem Eigentum in den Rang eines Grundrechtes erheben wollen.«

»Soweit ich weiß, gibt es kein geistiges Eigentum.«

»Wieso nicht?«

»Irgendwie ist alles, was du sagst oder schreibst, schon mal gesagt worden. Also gehört es dir irgendwie nicht.«

»Glaub ich zwar nicht, aber selbst wenn, wie sollen Musiker und Autoren leben, wenn alles, was sie produzieren, jedem kostenlos zur Verfügung stehen soll?«

»Nur als Privatkopie.«

»Wenn jeder seine kostenlose ›Privatkopie‹ runterlädt, was ist denn dann noch zu verkaufen?«

Jedenfalls wusste keiner meiner Mitpiraten, wie das Problem zu lösen wäre. Einig waren wir uns aber, dass die Piraten aufpassen mussten, dass sie nicht zum Lobbyverein von Google wurden, das die Abschaffung des Urheberrechts vorantrieb, um sich durch sein anzeigenfinanziertes Geschäftsmodell am Ende eine goldene Nase zu verdienen.

Gegen drei Uhr nachmittags war mein Dienst erfolgreich zu Ende gebracht, ohne dass einer der 35 000 »kranken« Piraten angerufen hatte. Ich stürzte mich erneut in die Roller-Todeszone »Straße des 17. Juni« und hatte ein seltsames Gefühl. Das sollten die Piraten sein, die sich als politische Revolutionäre gebärdeten? Die das Urheberrecht abschaffen wollten, Eigentum eklig fanden, Transparenz forderten? Entweder man hatte mir in der P9 eine grandiose Komödie vorgespielt, oder es gab einen Unterschied zwischen den Piraten an der Basis und den intellektuellen Vordenkern, also denen, die einen politischen Fahrplan ausgegeben hatten. *Den* musst du kennenlernen, dachte ich und suchte, zu Hause angekommen, nach einer entsprechenden Gelegenheit. Und wie sollte es bei Piratens anders sein, lag prompt auch schon ein besonders atemloses Angebot bereit:

Seit besagtem Morgen herrschte in diversen Mailinglisten Aufregung. Nachdem es schon häufiger Ärger mit Nazis oder solchen, die man dafür halten wollte, gegeben hatte, war die Partei inzwischen äußerst sensibel geworden. Es genügte, dass der Berliner Piraten-Abgeordnete Martin Delius die Piraten in puncto Wachstum mit der NSDAP verglich, damit die verbale Guillotine geölt wurde. Diesmal allerdings betraf es unsere Crew. Und im Zentrum des Shitstorms stand ausgerechnet unser Kapitän Markus, der ein ausgewiesener Beatles-Fan war und als solcher kein schlechter Mensch sein konnte.

Das jüngste Standgericht

Wie ich erst an diesem Crew-Montag erfuhr, hatte Markus eine für einen Piraten ungewöhnliche Vergangenheit. Er war Mitglied in einer Burschenschaft gewesen und hatte dem rechten Flügel der FDP angehört. In den konservativeren Piraten-Landesverbänden Bayern und Baden-Württemberg hätte er damit niemanden hinterm digitalen Ofen hervorgelockt. Nicht so jedoch in Berlin, wo die Pirantifa, eine linke Gruppe innerhalb der Piratenpartei mit knapp 700 Mitgliedern, die Reinheit der Gesinnung kontrollierte. Laut ihrem Glaubensbekenntnis wendet sie sich explizit gegen Rechtsextremismus, Rassismus, Sexismus, Homophobie, Ableismus (zu Deutsch: Behindertenfeindlichkeit), Transphobie und Gesinnungskontrolle (zumindest wenn sie selbst davon betroffen ist).

Da Markus nun vor Jahren gegen die spezielle Ausgestaltung des Holocaust-Mahnmals in Berlin demonstriert hatte, sah die Pirantifa eine Gefahr für die Partei heraufziehen. Es musste verhindert werden, dass hier der Versuch unternommen wurde, den politischen Kurs der Piratenpartei anders als nach links zu beeinflussen. Deshalb wurde im Netz Markus' Lebenslauf dem geneigten Publikum zur Verfügung gestellt.

Nun war diese Aktion ja noch nachvollziehbar. Wer Transparenz fordert, muss sie auch bei sich selbst zulassen. Als sich aber der Berliner Abgeordnete Oliver Höfinghoff in Begleitung seiner persönlichen Mitarbeiterin und Freundin Mareike Peter für die nächste Crew-Sitzung ankündigte, versprach es spannend zu werden. Und kaum waren wir im »Papillon« durch die Tagesordnung mit den Themen ohne Erregungspotential EMS und Syrien gehechelt, war Markus' Vergangenheit an der Reihe.

Oliver Höfinghoff bestellte ein Bier und verlangte, dass

unser Kapitän sich zu diversen Vergehen erklären müsse, weil ein »Rechter« als Pirat nicht tragbar sei. Es klang ein wenig so, als hätte Höfinghoff das Parteiausschlussverfahren aus Gründen der Zeitersparnis bereits durchgeführt und wollte nur noch schnell dem Verräter vor seiner Verbannung aus der piratischen Gemeinschaft die Möglichkeit geben, um Vergebung zu flehen. Markus übte sich dann auch prompt und brav in einem Ritual, das man früher stalinistische Selbstkritik mit anschließender rhetorischer Selbsterschießung nannte. Er verurteilte sich selbst ausgiebig und betonte demütig a) seine liberale Einstellung, b) seine Treue zur Piratenpartei.

Als Markus' Selbstgeißelung nach dreißig Minuten immer noch nicht zu Ende war, wurde die Situation für die meisten Crewmitglieder langsam unangenehm und peinlich. Es wurde zwar von unserem Navigator Hermann-Josef unermüdlich hervorgehoben, dass es sich hier nicht um ein Tribunal handle, dennoch war nicht zu übersehen, dass die linke Fraktion der Berliner Piratenpartei, die unsere Sitzung zur Durchführung der Inquisition gekapert hatte, von Markus' Unterwerfung noch nicht befriedigt war.

Wie sollten sie auch, dachte ich. Seit dem Alten Testament gehört es zum Grundverständnis der Politik, dass stets ein Feind vorhanden sein muss, an dem man sich abarbeiten bzw. von dem man sich abgrenzen kann und der einen dadurch nur umso fester zusammenschweißt. Egal ob es sich um Ungläubige, die Bourgeoisie, die Ausbeuterklasse, die Nazis, die Bullen oder die Kleinbürger handelt, ohne diesen Feind ist alles nichts. Das betrifft natürlich auch die innerparteiliche Ebene.

Lektion 4: Betrüger, Sexisten, Ausländerfeinde sind gefährlich

Je nach politischer Ausrichtung der Partei musst du in der Gründungsphase die politische Vergangenheit und gegenwärtige Überzeugung des zukünftigen Parteifreundes prüfen. Für konservative

Vereinigungen gilt: Hat er oder sie sich etwas zu Schulden kommen lassen und ist er ein Betrüger, Vergewaltiger, Umweltverschmutzer, Nazi, Sexist, Ausländerfeind, Antisemit, musst du den Kontakt sofort abbrechen. Für linke Gruppierungen gelten leicht modifizierte Anforderungen: Hat dein Parteifreund eine linke, eventuell sogar staatsfeindliche Einstellung, hat er Steine gegen Bullen geworfen, lehnt er die herrschenden Verhältnisse rundherum ab, kämpft er für ein anarchistisches Paradies und ist er ein linker Antisemit, Amerika- oder Israelfeind, stellt das kein Problem dar.

All das spielt übrigens eine untergeordnete Rolle, wenn dein Verbündeter über Geld aus Aktiengeschäften, Erbschaft, unterschlagenem Vermögen von Vorgängerparteien wie z. B. der SED verfügt. Er kann aber auch aus einer Familie stammen, die bereit ist, die Hobbys ihres Sprösslings langfristig zu finanzieren.

Dunkle Geständnisse

Am Schluss der Crew-Sitzung kam es dann aber noch zu einer kleinen Sensation. Nachdem ich einem Crewmitglied gesagt hatte, dass ich in meiner Jugend Mitglied im trotzkistischen Spartakusbund gewesen sei, wurde er hellhörig. Er wollte mehr über meine politische Vergangenheit wissen und gestand mir, dass er ein anarchistischer Sozialist sei und es ihm letztlich um die Torpedierung des Parlamentes gehe. Er werde seine Zeit als Abgeordneter in einem Landesparlament vor allem nutzen, um dieses Parlament abzuschaffen.

Ich habe damals den verfassungsfeindlichen Ansatz dieser Position nicht sofort erfasst. Blöde von mir. Hätte ich machen sollen. Vor allem, weil mein Gesprächspartner von dieser Haltung inzwischen abgerückt sein dürfte, nachdem er erleben musste, wie seine Kollegin Mareike Peter gerüffelt wurde, weil sie behauptet hatte: »[Der Berliner Polizeipräsident] Kandt ist ein rassistisches Arschloch, mit dem werden wir noch viel größere Probleme haben« ... und: »Zünd den an, solange er noch da ist!!!« Auch wenn sie sich danach entschuldigt hat, war die Empörung groß, die mediale Aufmerksamkeit noch größer, und die anderen Piraten im Berliner Abgeordnetenhaus gingen auf Distanz.

Als das Treffen gegen Mitternacht zu Ende ging, war ich von dem verbalen Standgericht ziemlich beeindruckt. Vor allem von Oliver Höfinghoff und seiner kleinen Freundin Mareike Peter, die an diesem Abend zwar wenig, dafür aber einen umso sentimentaleren Text hatte und meinte, sie wolle nicht, dass ihre Partei von rechts unterwandert werde.

Für den politischen Profi mag das alles nichts Besonderes sein, aber für einen Drehbuchautor brachte der Abend eine verblüffende Entdeckung. Höfinghoff und Peter waren nämlich zwei glasklare Charaktertypen. Bei dem Amerikaner Joseph Campbell, der zu den bedeutendsten Mythenforschern zählt und mit dem Buch *Der Heros in tausend Gestalten* so etwas wie die Bibel aller Drehbuchautoren geschrieben hat, heißen diese Charaktere »Schwellenwächter«. Sie sind, laut Campbell, machtvolle Typen, deren Aufgabe es ist, den Helden am Übertreten einer Schwelle zu hindern. Dadurch stellen sie eine unangenehme Herausforderung für jeden dar, der es mit ihnen zu tun bekommt. In diesem Fall war dieser »Jeder« unser Crew-Kapitän Markus – und vielleicht sogar die gesamte Piratenpartei.

Verständlicherweise trägt solch eine Rolle nicht dazu bei, dass die Personen in Erzählungen positiv wahrgenommen werden. Aber das hindert den »Schwellenwächter« nicht daran, eine Figur mit einer Geschichte, mit Gefühlen und Gedanken zu sein. Dass es so jemanden in einer Partei gab, war natürlich nachvollziehbar. Und dennoch überraschte es mich. Ich dachte, wenn ich jemals ein Buch über eine Partei schreiben sollte, müsste so eine Figur darin vorkommen. Ich setzte mich nachts um drei an den Computer und konstruierte eine fiktive Figur:

Der Schwellenwächter

Er spürt es kommen. Das Gefühl, dass etwas Fürchterliches passiert. Er macht sich auf den Weg, um sich mit seinen Leuten von der Pirantifa zu treffen. Sie wollen über ein paar Aktionen reden, die sie in den nächsten Wochen vorbereiten müssen. Vor allem eine Demo gegen Nazis muss genau geplant werden, weil sie diesen Schweinen ein für alle Mal zeigen wollen, dass sie sich verpissen sollen. Von ihm aus auch in einem Massenselbstmord. Als er das Haus verlässt, schaut er sich um, ob irgendwo ein paar feige Faschos rumhängen. Aber die schlafen wahrscheinlich noch und träumen von ihrem beschissenen Vierten Reich. Er marschiert also stramm los. Wobei stramm nicht im militärischen Sinn zu verstehen ist, eher in dem lockeren, antifaschistischen Stil des Anarchismus. Als er den Treffpunkt erreicht, eine Erdgeschosswohnung in einem Neuköllner Hinterhof, ist es Mittag. Er klopft. Das vereinbarte Zeichen. Niemand macht auf. Er klopft erneut. Die Tür öffnet sich von selbst. Sie ist nicht abgeschlossen, nur angelehnt. Dabei muss die Tür immer verschlossen sein, weil es sein kann, dass Nazitruppen ankommen und sie zusammenschlagen wollen. Er tritt ein. Keine Begrüßung. Stattdessen eine bedrückte Stimmung.

»Alles klar?«, fragt er.

Irgendwann hebt Bakunin den Kopf. Seine Augen sind rotgeweint. Er will wissen, was passiert ist. Keine Antwort. Er will wissen, ob einem von ihnen was passiert ist? Ob die Nazis einen von ihnen überfallen haben. Keine Antwort. Nach einer endlosen Weile sagt Bakunin dann:

»Hast du nicht die Nachrichten gehört?«

»Nein«, antwortet er, »hab ich nicht, weil ich diese reaktionäre Scheiße, die sie im Radio verbreiten, nicht mehr hören kann. Aber kannst du mir mal sagen, was ich da hätte hören sollen?«

Bakunin steht auf, dicke Tränen laufen seine Wangen herunter. Er schluchzt, fasst ihn an den Schultern an, sieht ihm tief in die Augen. Er merkt, wie sein Herzschlag sich beschleunigt.

»Es gibt ...«, sagt Bakunin mit tränenerstickter Stimme, »es gibt keine Nazis mehr.«

»Wie, es gibt keine Nazis mehr. Wie meinst du das?«

»Sie haben es heute im Radio gesagt. Und im Fernsehen war es auch. Es war überall. Auf Twitter, auf Google News. Überall.«

»Wieso soll es auf einmal keine Nazis mehr geben? Wie können die über Nacht verschwinden?«

Bakunin hebt die Schultern. Er fragt die anderen, aber die wissen es auch nicht. Stattdessen liegen sie sich in den Armen und flennen, als wären Pinkie Pie, Rarity und Sparkle von einem Pferdemetzger abgeholt worden. Wieso weinen sie? Wieso sind sie so traurig?

»Ja, Alter, kapierst du's nicht«, schluchzt Bakunin, »was das für uns und die Pirantifa heißt?«

»Nein, ich kapiere es nicht.«

»Wenn es keine Faschos mehr gibt, dann gibt es auch keine Pirantifa mehr. Dann gibt es keinen Kampf mehr gegen Nazis. Dann ist es vorbei mit unserem Widerstand. Einfach weil es nichts mehr gibt, wogegen wir kämpfen können.«

Keine Pirantifa mehr. Das hat er im ersten Moment nicht kapiert. Aber jetzt knallt es in seinen Kopf, explodiert gewissermaßen. Keine Nazis mehr. Das heißt, alles, wofür sie gekämpft haben, ist eingetreten. Sie haben gesiegt, den unfassbaren, unglaublichen, totalen Sieg eingefahren. Aber es ist ein schrecklicher Sieg. Denn wenn dein Feind verschwunden ist, ist auch dein eigenes Verschwinden vorprogrammiert. Wen sollen sie denn jetzt noch bekämpfen? Was wird aus diesem Land, wenn es keine Nazis mehr gibt? Aus einem dunklen Abgrund zieht die Depression herauf. Sie will ihn mit sich nehmen, dorthin, wo es keinen Sinn mehr gibt, wo er ausgelöscht ist. Er hört, wie sie ihn ruft. Ein ekelhaftes, metallisches Rufen, Brüllen. Immer lauter, wie von einem Wecker. Von einem Wecker? Er öffnet die Augen.

Es ist *ein Wecker. Es ist* sein *Wecker. Er ist schweißgebadet. Schon wieder der fürchterliche Alptraum. Seit Wochen verfolgt er ihn, gnadenlos. Zehn Uhr. Er wollte um neun bei der Pirantifa-Besprechung sein. Zum Glück hat er sich gestern Abend nicht ausgezogen. Ohne die Zähne zu putzen, zieht er die Schuhe an, greift seine Antifa-Jacke, stürmt das Treppenhaus runter. Was für ein irrer Traum. Keine Nazis mehr? Als er auf die Straße hinaustritt, trifft ihn eine Faust im Gesicht. Ein Typ schreit ihn an.*

»Linke Zecke! Dich machen wir fertig!«

Dann läuft er weg. Es ist ein Nazi. Es ist ein Nazi! Wieso läuft der weg? Er läuft ihm hinterher, holt ihn ein, hält ihn fest, dreht ihn zu sich herum. Und dann umarmt er ihn. Ein wahnsinniger, glühender und zugleich scheußlicher Reflex, gegen den er sich nicht wehren kann. Er schaut den Nazi an. Und dann sagt er:

»Danke!«

Mit Tränen in den Augen lässt er den Nazi wieder los. Schaut sich um. Zum Glück hat ihn niemand gesehen. Vor allem keiner von den Piraten. Er zündet sich eine Kippe an und geht zum Pirantifa-Treffen. Er hüpft auf dem Weg. Er ist froh. Doch leider kann er niemandem sagen, wieso er froh ist. Auf alle Fälle ist die Welt wieder in Ordnung.

Die verzweifelte Piratenführung

Der Charlottenburger Crew-Kapitän Markus war natürlich nicht der Einzige, der nicht ganz auf Parteilinie lag, zumindest nicht der linken Berliner Linie. Da gab es die Libertären, die einen sanktionsfreien Umgang mit Neonazis verlangten, und diejenigen, die gerne unterhalb der Gürtellinie argumentierten und auf Twitter schrieben: *Platz 1: Penis. Platz 2: Penis. Platz 3: Penis. Platz 4: Penis. Halleluja!*, was als Kritik an der Benachteiligung von Frauen bei Kandidatenwahlen gemeint war. Oder es gab welche, die einem hessischen Piraten anonym rieten: »Geh sterben! Hoffen wir mal, dass du aus dieser Klatsche lernst und endlich abhaust! Mach die Piratenpartei zu einem besseren Ort, indem du dich verpisst!« Und es gab natürlich die Trolle, die sich einen Spaß daraus machten, alles und jeden mit einem Shitstorm zu überrollen.

Gleichzeitig entdeckte ich unter den Piraten viele, die es ernst meinten, die sich aufrieben, die unermüdlich arbeiteten.

Sie hatten ein klares Ziel und wussten, wie ihre Piratenpartei aussehen sollte. Einige von ihnen hatten Ämter inne oder waren Abgeordnete. Sie waren schon lange dabei und hatten eine ordentliche Portion vom Nektar des Ruhms, der Aufmerksamkeit und der gefühlten Wichtigkeit gekostet. Aber jetzt befanden sie sich in einem Dilemma, das nahezu unauflösbar war. Es lautete: Was macht die Parteiführung mit einer Piratenbasis, in der es einen gewissen Prozentsatz Idioten gibt, wie der stellvertretende Pressesprecher Aleks Lessmann wusste. Vor allem, wenn man befürchten musste, dass dieser Prozentsatz sehr hoch war und die Betreffenden nicht gewillt waren, sich brav der Parteidisziplin unterzuordnen.

Seit der Gründung der Partei waren es aus Sicht der Führung diese genau Basispiraten mitsamt ihren unprofessionellen Meinungen und unproduktiven Äußerungen, die das Piratenimage immer wieder beschädigten. Nun hätte man ihnen ein Schweigegelübde abringen, sie auf Parteilinie zwingen können. Aber zum einen stellten sie das Rückgrat der Partei dar, und zum anderen wäre es äußerst undemokratisch gewesen, hätte der Parteivorstand ein Verbotsverfahren gegen die freie Meinungsäußerung im Internet eingeleitet.

In gewissem Sinne ging es dem Bundesvorstand um Bernd Schlömer an diesem Punkt wie der Unterhaltungsindustrie, die kein Mittel findet, unliebsame Aktionen wie das illegale Filesharing zu unterbinden. Auch die Piratenpartei konnte diverse unliebsame und parteischädigende Meinungsäußerungen nicht untersagen. Die Anarchie des Netzes ist nun mal schwer zu kontrollieren. Deswegen rief die Partei regelmäßig ihr ungezogenes Hinterland zur Mäßigung und Besserung auf und veranstaltete Treffen wie die »Flauschcon«, auf denen das professionelle Verhalten in einer Partei erlernt werden sollte.

Für mich genau die richtige Geselligkeit, um noch tiefer in den Bauch der *Orange Pearl* einzutauchen und einen wichtigen Schritt auf dem Weg vom Parteisoldaten zum Bundeskapitän zu machen. Ich meldete mich also an und wartete ein paar Wochen, bis ich eine flauschige Bestätigung meiner Anmeldung erhielt. Endlich, dachte ich. Und dann las ich die Unterschrift: »Mit flauschigen Grüßen, dein Flauschcon Team«, und war daraufhin nicht mehr sicher, ob es wirklich die richtige Veranstaltung war.

Die Flauschcon

Am 8. September 2012 war ich schon um 5:30 Uhr aufgestanden, weil ich den Zug um 6:49 Uhr erreichen musste. Ich hatte mich überwunden und wollte pünktlich um 10:00 Uhr in Bielefeld bei der Piraten-Flauschcon sein, um die unzivilisierten Umgangsformen sowie die Piraten-interne Shitstorm-Kultur besser kennenzulernen. Die Partei wollte Strategien entwickeln, wie die Kommunikation friedlicher ablaufen könnte. Es sollte geflauscht, gelobt, gefeiert und im Bällebad gekuschelt werden. Natürlich war das aber nicht der einzige Grund, warum ich nach Bielefeld fuhr. Ein weiterer war die Ankündigung, dass die zu dieser Zeit exponiertesten Köpfe der Partei, Bernd Schlömer, Johannes Ponader und Marina Weisband, anwesend sein würden!

Und außerdem hatte ich ein paar Tage zuvor bei einem Stammtisch des VDDs (des Verbandes Deutscher Drehbuchautoren) meine Kollegen wieder getroffen. Sie machten sich einen Spaß und wollten natürlich sofort wissen, wieso es die Piratenpartei immer noch gebe. Als ich ihnen dann aber erzählte, dass ich inzwischen tatsächlich in die Piratenpartei eingetreten sei und schon jede Menge belastendes Material gesammelt habe, fielen sie aus allen Wolken.

»Du bist tatsächlich in die Piratenpartei eingetreten?«

»Ja.«

»Alter, das war ein Joke!«

»Ich weiß, aber im Gegensatz zu euch bin ich jetzt nahe am Zentrum der Macht. Und wenn die Piraten und ich tatsächlich eines schönen Tages das Urheberrecht abschaffen, seid ihr die Ersten, die dran glauben müssen.«

Meine Kollegen lächelten unsicher, weil sie nicht wussten, ob die Drohung ernst gemeint war. Und ich wusste es in diesem Moment selbst auch nicht so genau. Inzwischen befand ich mich nämlich in einem Zustand amtlicher Schizophrenie. Einerseits grollte ich den Piraten immer noch wegen ihrer rücksichtslosen Haltung den Künstlern gegenüber, andrerseits begeisterte mich die Erfahrung der digitalen Demokratie, die ich bei den Piraten kennenlernen konnte. Und ob ich die Partei am Ende tatsächlich von innen heraus zersetzen würde, wie wir vor Wochen halluziniert hatten, sollte sich ohnehin erst noch zeigen ...

Auf alle Fälle hatte ich mir in Bielefeld ein Hotel genommen, weil ich das Angebot »Bed & Pirates« nicht nutzen wollte. Es war mir schon immer schwergefallen, bei jemandem zu übernachten, den ich nicht kannte und vielleicht nicht mochte und mit dem ich trotzdem Smalltalk machen müsste. Dann lieber 75 Euro für ein Hotelzimmer, das im ersten Stock lag und direkt zur Straßenbahnlinie hinausschaute. Wenn ich das Fenster öffnete, konnte ich den Fahrgästen der Linie 2 fast die Hand geben. Aber dazu kam es aus bestimmten Gründen nicht.

Der Zug fuhr pünktlich im Bielefelder Hauptbahnhof ein, ich erwischte das letzte freie Taxi und fuhr zum Hotel Arcadia. Ungeduldig gab ich mein Gepäck ab, drängte die Dame an der Rezeption, sich mit dem Check-in zu beeilen, und hetzte anschließend den Taxifahrer zum Veranstaltungsort. Ich wollte unbedingt pünktlich sein, um die Helden der Piratenpartei als Erster begrüßen und befragen zu können. Vor allem wollte ich wissen, wie sie ihre Idee einer straffen Partei mit diesem chaotischen Haufen im Netz zu vereinbaren gedachten. Gab es einen Königsweg, hatten sie einen Plan B, der die ungeheure Energie des Internets in eine politische Kraft umwandeln konnte?

Der Taxifahrer verfuhr sich, wir mussten Google Maps nach dem Weg fragen und kamen endlich 10:10 Uhr am Veranstaltungsort an. Ich suchte auf dem weitläufigen Gelände des Kultur- und Kommunikationszentrums Bielefeld den richtigen Eingang und musste, kaum hatte ich ihn gefunden, feststellen, dass ich entweder zu früh oder viel zu spät war. Der Raum, den ein paar fleißige Piraten aufwändig ausgestattet hatten, war leer. Hie und da liefen ein paar Piraten von der sogenannten Orga-Flauschcon herum. Von meinem Berliner Mitpiraten Oli, der eine halbe Stunde nach mir auftauchte, erfuhr ich, dass Orga »die Bezeichnung für ein Organisationskomitee – oder auch eine Gruppe von Deppen ist, die sich den Arsch aufreißen, was hinterher keiner merkt oder jeder wenigstens für selbstverständlich nimmt«. Jetzt aber war kein Organisationskomitee da, das mir sagen konnte, ob und wann es losgehen würde.

Irgendwann entdeckte ich einen der Tontechniker. Er meinte allerdings, dass er nicht dazugehöre und daher nicht sagen könne, wann es losgeht. Auch sonst wusste es niemand. Aber das war bei den Piraten, wie ich inzwischen wusste, nichts Besonderes. Es gibt keine Zentralstelle für Information oder Organisation. Wer etwas tun oder etwas wissen will, muss es selbst in die Hand nehmen. Also stand ich eine Weile unschlüssig herum und hörte, wie sich irgendjemand irgendwo über irgendwas beschwerte, bis ich merkte, dass ich der Grund für die Beschwerde war. Es sollten ein paar Sessel auf einem Podium aufgebaut werden, und ich stand im Weg. Nachdem ich mir einen grässlichen Kantinenkaffee geholt und meinen Zwang zur Pünktlichkeit ausgiebig verflucht hatte, begann mit einer Stunde Verspätung die Flauschcon.

Eine etwas laute Bielefelderin, die später behauptete, sie habe zu viele männliche Hormone abgekriegt, begrüßte uns und leitete die erste Talkrunde ein. Talkrunde ist in diesem Zusammenhang wörtlich zu verstehen, denn in der Mitte des von einem Segel überdachten Raums befand sich ein Podium, auf dem zwei schwarze und überaus neue Sessel standen. Drumherum waren ebenfalls neue weiße Sofas aufgebaut. Oli erklärte mir, dass einer der netten Bielefelder Piraten einen Möbelverleih besitze, was erklären konnte, dass es hier so piratenuntypisch luxuriös aussah. Später sollte sich indes herausstellen, dass der nette Bielefelder doch nicht ganz so nett war, weil er für Ausleihe und Reparatur der Möbel 8000 Euro haben wollte. Aber das ahnten wir zum Zeitpunkt, als zwei Piraten das Podium betraten und eine Diskussion nach dem Motto »Zwei Kontrahenten, eine Meinung« begannen, natürlich noch nicht.

Es ging um das Thema Hierarchie und die Verweigerung der Piraten derselben gegenüber. Ich meldete mich zu Wort und erklärte, dass es bei den Piraten sehr wohl Hierarchien gebe, schon allein deshalb, weil zwei Piraten auf dem Podium säßen und die anderen nicht. Ich hatte den Satz noch nicht zu Ende gesprochen, als die Versammlung von einer eigenartigen Unruhe erfasst wurde. Aber nicht wegen meiner unpassenden Äußerung, sondern weil Marina Weisband auftauchte und alle Blicke auf sich zog. Das Thema Hierarchie wurde in diesem Moment um das Phänomen Idolatrie erweitert. Weisband schwebte betont unauffällig herbei, begrüßte winkend den einen oder anderen und bedeutete uns, dass wir uns nicht weiter um sie kümmern sollten, was aber dazu führte, dass jeder sich umso mehr um sie kümmerte. Dann setzte sie sich zu den Basispiraten unterhalb des Podiums und zupfte ausgiebig ihr Kleid zurecht.

Sie trug an diesem Morgen irgendwelche moderne weißrussische Folklore. Vielleicht war es auch aktuelles H&M. Auf alle Fälle sah sie wie meine Oma aus, nur entsprechend jünger. Nachdem sie ein paar Minuten lang das Gespräch verfolgt hatte, beteiligte sie sich basisdemokratisch an der Diskussion. Wir gerieten dann schnell aneinander, weil für mich allein die Aufmerksamkeit, die ihr Auftauchen verursacht hatte, ein Beweis für die Hierarchie innerhalb der Piratenpartei war.

»Nein, es ist lediglich ein Beweis für meine Bekanntheit«, entgegnete sie.

»Aber deine Bekanntheit hat die Diskussion unterbrochen. Vor dir sind zehn oder fünfzehn andere Leute gekommen und wieder gegangen, und es hat sich niemand dafür interessiert«, sagte ich.

»Und selbst wenn«, meinte Weisband, »dann kommt es ja wohl drauf an, was ich mit meiner Bekanntheit mache. Ob ich sie missbrauche oder nicht.«

Hatte ich das richtig gehört? Konnte es sein, dass die ehemalige politische Geschäftsführerin der Piratenpartei und Studentin der Psychologie sich tatsächlich derart naiv bis idealistisch verklärt über die Hierarchielosigkeit der Piraten ausließ?

»Genau das ist ein Zeichen von Hierarchie«, hakte ich nach. »Dass du entscheidest, ob du aus deiner exponierten Stellung Kapital schlägst oder nicht, macht alle anderen hier im Raum von deinem Wohlwollen abhängig. Das ist Hierarchie.«

Weisband sah mich irritiert an. Vermutlich verstand sie nicht, was ich damit meinte. Oder sie wollte es nicht verstehen.

»Kann sein, aber dann müssen wir uns eben Mühe geben, Hierarchie nicht zu missbrauchen. Wir müssen sie transparent machen, um sie irgendwann zu überwinden«, antwortete sie.

Und dann schaute sie wie ein weidwundes Reh ins Publikum und bekam für diese Heuchelei auch noch ordentlichen Applaus. Glaubte sie tatsächlich, dass die Piratenpartei ihre Hierarchielosigkeit allein mit einer intellektuellen Anstrengung herbeiführen konnte? Vermutlich. Da die Piraten in Weisbands Augen ja ohnehin die moralisch hochwertigere Fraktion der Menschheit darstellte, waren sie auch nicht anfällig für all die niederen und hässlichen Affekte, die die anderen Politiker zu schlechteren Menschen machten. Es war eine clevere Strategie, das hierarchische System innerhalb der Piraten zu verschleiern. Dadurch liefen die Konflikte zwischen Abgeordneten und Mandatsträgern auf der einen Seite und der Basis auf der anderen Seite ins Leere. Aber vielleicht war es auch noch nicht mal eine Strategie. Vielleicht träumte Marina Weisband tatsächlich den Klein-Mädchentraum von einer besseren Welt, die von besseren Menschen herbeigeführt werden würde. Inzwischen war die Zeit für die Diskussionsrunde abgelaufen, und die Frage der Hierarchie blieb unbeantwortet.

In der Mittagspause gab es eine vegane Gemüsesuppe, die mindestens so grässlich aussah, wie der Kaffee geschmeckt hatte. Das nichtvegane Mittagessen war die gleiche Suppe, nur mit einem Würstchen drin. Ich nahm das vegetarische Börek mit Schafskäse und Spinat. Da inzwischen klar war, dass Bernd Schlömer nicht erscheinen würde, machte sich eine gewisse Frustration bemerkbar. Aber zumindest war der nimmermüde und ewig lächelnde Johannes Ponader erschienen. Es war meine erste Begegnung mit diesem berühmten Piraten, der es fertigbrachte, in einer Partei der Enfants terribles ein noch größeres Enfant terrible zu sein. Er setzte sich zu uns an den Tisch und machte deutlich, dass er nicht schon wieder über die Spenden reden wolle, mit denen Parteimitglieder ihn und seine Parteiarbeit finanzieren sollten. Er hatte das entsprechende Spendenkonto nach eigenen Aussagen ja auch gar nicht angezapft, dennoch war ein Shitstorm über ihn hereingebrochen, weil er sich zum bedauerlichsten Hartz-IV-Empfänger der Republik stilisiert hatte.

Wir ließen das Thema also aus und landeten stattdessen bei der Frage, ob bei den Piraten in Sachen Kommunikation eine Klimakatastrophe herrsche. Ponader beklagte sich über die verletzenden Angriffe, die er auf Twitter habe ertragen müssen, und forderte so etwas wie eine schnelle Eingreiftruppe, eine Art Piraten-Shitstorm-Meditations-Squad, die immer dann tätig werden solle, wenn ein Pirat in den Mailinglisten oder auf Twitter gebasht werde. Auf meine Frage, ob die Shitstürme nicht der grandiose Auftritt einer anarchischen Basis seien, die sich noch nicht mal von der eigenen Parteiführung disziplinieren lasse, verstummte Ponader einen Moment lang. Der Gedanke schien ihm ebenso wahrscheinlich wie unerträglich zu sein. Nach einem kurzen Augenblick der Irritation flüchtete er sich dann in den üblichen Piraten-Schönsprech. Genauso wie Marina Weisband war er davon überzeugt, dass die hierarchischen Strukturen innerhalb der Piratenpartei nicht relevant seien und wenn, dann überwunden werden könnten, weil die Piraten anders miteinander umgehen würden.

Es war das gleiche Eiapopeia aus Ignoranz und Realitätsverweigerung, das ich schon den ganzen Tag über erlebt hatte. Für jeden, dessen Gemüt noch nicht komplett eingeflauscht war, musste es doch offensichtlich sein, dass Hierarchie nicht per Dekret von oben abgeschafft werden konnte. Noch nicht mal von dem besseren Menschen, den Ponader forderte. Zudem machte sein Hinweis, dass er in den letzten Wochen auf Twitter einiges zu ertragen gehabt habe, deutlich, dass der bessere Mensch nicht zwangsläufig bei den Piraten wohnte. Aber das wollte niemand hören.

Nach der Mittagspause saß dann noch eine transsexuelle Piratin auf dem Podium und erklärte uns, dass sie zwar noch einen Schwanz habe, aber ansonsten ein weibliches Gehirn in einem männlichen Körper sei. Das alles bezeichnete sie als geplante Anomalie, woraufhin sie aus dem Publikum Widerspruch von einem Neurologen erhielt, der sie darüber aufklärte, dass es kein weibliches und männliches Gehirn gebe. Die Piratin entschuldigte sich und meinte, sie sei es nicht gewöhnt, mit Leuten zu reden, die intelligenter seien als sie. Normalerweise seien die Leute genauso dumm wie sie, weshalb sie unwidersprochen solchen Quatsch erzählen könne. Nachmittags hüpften Ponader und Weisband ins Bällebad, beschossen sich mit Spielzeugkanonen und beschimpften sich gegenseitig, was als die ironische Fortsetzung einer Twitter-Aktion zu verstehen war, die sie in den letzten Tagen durchgeführt hatten, um Twitter-Shitstorms zu konterkarieren.

Es ging mehr oder wenig lustig zu. Und trotzdem war es nicht zu übersehen: Die Flauschcon war miserabel besucht. Vielleicht fünfzig Leute waren gekommen, die Orga sprach von hundert, aber es wäre Platz für mindestens dreihundert gewesen. Niemand wusste, warum das Treffen so schlecht frequentiert war. Vielleicht ahnten die meisten Piraten, dass es eine Alibiveranstaltung sein sollte. Und vielleicht wollten die Piraten an der Basis gar nicht flauschen. Zumindest nicht mit den Köpfen Weisband, Ponader und Schlömer. Und nachdem Schlömer mitteilen ließ, dass er auch am Sonntag nicht erscheinen würde, verließen auch Weisband und Ponader die Flauschcon. Dafür wuchsen die Kosten für die Veranstaltung von 8000 auf 28 000 Euro und verursachten heftigen Streit im NRW-Landesverband. Ich dagegen zahlte lediglich 75 Euro für ein ungenutztes Hotelzimmer und fuhr noch am selben Abend wieder nach Hause.

Die Machtfrage

Meine nächsten Stationen auf dem Weg ins Herz der Piratenpartei waren dann eine Bootsfahrt auf der Spree zum Thema Transparenz, eine Bezirksbevollmächtigtenversammlung im Wilmersdorfer Rathaus, ein Besuch im Lokal »Kinski«, dem dienstäglichen Piratentreff, und unzählige weitere Sitzungen der Q-Damm-Piraten. Ich traf auf den nervösen Christopher Lauer, der munter seine Visitenkarten verteilte, und lernte den schüchternen Martin Delius kennen, der so leise redete, dass ich ihn kaum verstand. Ich wechselte ein paar Worte mit dem daueraufgeregten Simon Weiß und ließ mich von dem von seiner digitalen Exzellenz überzeugten Alexander Morlang belehren, dass die Piraten in nahezu allen wichtigen Fragen anders als alle anderen Parteien seien.

Ich las, was die Vorstände Sebastian Nerz, Klaus Peukert und Jens Seipenbusch über die Piratenpartei dachten. Es war unübersehbar, wie man sich innerhalb der Führungsriege der Partei verbal um die politische Ausrichtung prügelte und in Diadochenkämpfen zerstritt. Die eher gemäßigten Figuren der frühen Stunde trafen auf die Berliner Radikalen und rieben sich an ihnen wund. Aber es waren keine offenen Gefechte. Noch wagte sich keine Fraktion aus der Deckung.

Die Partei, die im Sommer 2012 schon einige Erfolge verbuchen konnte, wusste also im Herbst immer noch nicht, was für eine Art Partei sie sein wollte. Sollte sie sich auf die Kernthemen Transparenz, Netzneutralität, Urheberrecht etc. beschränken, oder sollte sie ein Programm entwickeln, das die endgültige Lösung für alle Probleme Deutschlands, Europas, des Planeten und des ganzen Restes bereithielt? Niemand konnte es sagen. Aber auf alle Fälle hatte ich inzwischen einen erhellenden Einblick in die Mechanik der Piratenpartei bekommen. Und wenn ich jemals selbst eine Partei gründen sollte, würde ich genau wissen, worauf es ankommt.

Lektion 5: Vorsicht vor Privatinteressen und Größenwahn

Trotz aller Differenzen ist es an diesem Punkt einer Parteienpubertät wichtig, gebetsmühlenartig zu behaupten, es ginge niemandem in der Partei um Privatinteressen, die eigene Zukunft oder gar eine Karriere. Auch wenn für dich Gefühle der Ohnmacht oder Vereinsamung ausschlaggebend waren oder Langeweile oder die Lust an einem Menschenexperiment (s. Russische Revolution), sollte deren Erwähnung unbedingt vermieden werden. Gleiches gilt für Größenwahn, Frauen-Beeindrucken und Paranoia. Sie gelten als unseriös, weil sie im Bereich des Unbewussten liegen. Geltungssucht bzw. die Hoffnung auf Karriere und Verbesserung der persönlichen finanziellen Verhältnisse sind im Gegensatz dazu zwar durchaus vernünftige Beweggründe, gelten aber ebenfalls als un-

redlich bei der Gründung einer Partei. Viel besser ist es, wenn du dich als Diener des Wählers präsentierst. Und noch besser ist es, wenn du leidend und zugleich leidenschaftlich beteuerst, dass es dir um die Entrechteten und Verfolgten geht, dass du Ungerechtigkeit bekämpfen und eine bessere Welt herbeiführen willst. (Wie das gehen soll, muss zu diesem Zeitpunkt nicht beantwortet werden – und verliert später sowieso an Bedeutung.)

DIE SCHATZKARTE

Oder wie man sich ein Parteiprogramm gibt

Der Eintritt in die Hölle

Nach meinen ersten Ausflügen auf das Zwischendeck der *Orange Pearl* war ich ernüchtert. Das sollte die Partei sein, die die Gesellschaft verändern würde? Die per Liquid Feedback einen neuen politischen Menschen erziehen und den Bürgern Teilhabe, Transparenz, das Recht auf Privatkopie und Gerechtigkeit für alle bringen wollte? Kaum zu glauben. Denn bisher war ich vor allem auf eine Truppe von ebenso aufgeregten wie egozentrischen Narzissten gestoßen, die sich mit furioser Leidenschaft politisch bekriegten und gleichzeitig auf Twitter munter den Zustand ihrer Körpersäfte ausstellen konnten.

Das Gute an dieser Erkenntnis war, dass ich es offenbar nicht mit politischen Profis zu tun hatte, weshalb ich mir nun zutraute, tatsächlich eine politische Karriere bei den Piraten zu starten. Vielleicht würde ich es nicht bis zum Bundesvorsitzenden bringen, aber wenigstens auf einen Posten, von dem aus ich die Piratenideen zur Reform des Urheberrechts argumentativ einäschern konnte. Dafür war es jedoch unbedingt notwendig, mehr über die Programmatik und die parteiinternen Schlachten, die darum geführt wurden, zu erfahren. Wo lagen die großen Konflikte, und wie konnte ich diese für meinen Aufstieg benutzen? Vor wem musste ich mich in Acht nehmen, und wer würde mein Vorhaben wohlwollend unterstützen?

Die Antwort darauf konnte ich nur von einem Insider erhalten. Jemandem, der einerseits tief im Herzen der Partei wohnte, andrerseits aber auch genügend gedemütigt worden war, sodass er allen Grund hatte, über seine Partei auszupacken. Dieser Jemand hieß Hartmut Semken. »Hase«, wie er sich selbst nannte, hatte sich in seiner Zeit als Landesvorsitzender der Berliner Piraten durch ein paar unbedachte Kommentare zu rassistischen Äußerungen innerhalb der Piratenpartei ins Aus manövriert. Indem er verkündete, dass Piraten, die Rechtsextreme aus der Partei werfen wollten, nicht besser seien als die Nazis der NSDAP, weil die auch für alles einen Sündenbock gehabt hätten, hatte er demonstriert, was ein bekanntes Politikerproblem ist: Meinungsäußerungen werden vom Grad der emotionalen Erregung gesteuert und müssen nicht der gedanklichen Schlüssigkeit unterliegen.

Da nun die Berliner Sektion der Piratenpartei insbesondere bei solchen Bekenntnissen kein Pardon kannte, war Hase in Ungnade gefallen. Und als er sich dann auch noch in Lügen betreffs des Zeitpunktes einer Mail verstrickte, war er zuletzt aus seinem Amt gedrängt worden. Seitdem fristete er ein unglückliches Dasein am Rande der Partei und litt gehörig in der Diaspora. Ich hatte Hase bereits bei diversen Veranstaltungen getroffen und erfahren, dass er außerordentlich mitteilungswillig war und über enormes Hintergrundwissen verfügte. Ich schickte ihm eine Mail, und ein paar Tage, nachdem ich ihm mein Interesse an einem Gespräch mitgeteilt hatte, saßen wir bei einem Italiener in der Bergmannstraße zusammen, der seit einer Woche alle Gerichte zum halben Preis anbot. (Allerdings musste man das eingesparte Geld anschließend in der benachbarten Apotheke in Verdauungshilfen investieren.) Ich war ein paar Minuten zu früh in dem Lokal, weil ich einen Platz finden wollte, an dem wir ungestört reden konnten. Zehn Minuten später kam Hase. Er war ziemlich groß, etwas übergewichtig (was unter Piraten nicht auffiel), hatte leicht schütteres Haar und die Gelassenheit eines Buddha unter Narkose.

Ich berichtete ihm von meinen desillusionierenden Erlebnissen in der Crew und bei der Flauschcon. Er hörte eine Weile zu, konnte meine Empörung ob der Stümperei gut verstehen und offenbarte lächelnd, dass er selbst gelegentlich stinkwütend auf seine Partei sei. Wir übertrumpften uns dann noch eine Zeitlang mit Schilderungen von Chaos, Unvermögen und Destruktivität und erstellten lustvoll psychologische Küchenanalysen von einschlägig bekannten Protagonisten. Irgendwann, ich glaube, es war zwischen einem öltriefenden Salat und einer riesigen Portion tonnenschwerer Spaghetti Carbonara, disputierten wir dann ein fundamentales Problem des piratischen Dogmas: Sind es Themen statt Köpfe, oder sind es Köpfe statt Themen, die die Politik der Piraten bestimmen sollen? Für mich war das eine geradezu existentielle Frage, von deren Beantwortung meine Positionierung in der Partei abhing.

Leider stellte sich heraus, dass es bei den Piraten nicht nur um den Gegensatz von Kopf und Thema ging, also von Form und Inhalt, es war noch viel komplizierter. Selbst wenn die Partei über geeignete Köpfe verfügen würde, wäre damit noch nicht geklärt, welche Themen nun im Vordergrund stehen sollten und welche Köpfe dann wiederum davor- oder dahinterstehen konnten. Das musste aber nach Hases Überzeugung unbedingt festgeschrieben werden, und zwar schnell, weil die Zeit noch nie so reif war, um eine Revolution zu starten, die diesen Namen auch wirklich verdiente. Da lag der Querkopf sogar auf einer Linie mit der Partei, die das politische Establishment moralisch verrottet, die jugendliche Elite (durchaus bis 49 gerechnet) unbefriedigt und die richtigen Waffen endlich zur Verfügung sah. Somit waren laut Piratenideologie die Voraussetzungen für die entscheidende Eskalation gegeben, und die glorreiche Zeit der Piraten hätte eigentlich sofort und unverzüglich anbrechen müssen. Wieso aber tat sie das nicht?

Das Problem war, wie mir Hase nun erklärte, dass die Köpfe vom Erfolg ihrer Partei überrollt worden seien und überfordert wären. Bisher hatten sie unbekümmert die Umwertung aller Werte behaupten und das soziale Paradies fordern können. Doch in den Landesparlamenten angekommen, mussten sie plötzlich und unerwartet Ergebnisse und Lösungswege liefern. Das stellte aber nun ein Anforderungsprofil dar, auf das so mancher Berliner Abgeordneter nicht zu reagieren wusste. Außerdem hatte ihnen das niemand vorher gesagt, und sie selbst hatten es auch nicht erwartet. Und zu allem Unglück war auch noch die standardisierte Piraten-Entschuldigung namens Naivität hinfällig geworden. Irgendwie hatte sie durch ihre häufige Wiederholung an Charme verloren. Was anfangs noch aufsässig und subversiv geklungen hatte, wurde vom Publikum inzwischen als abgedroschen, inkompetent und denkfaul wahrgenommen.

Nach dem Hauptgang – und einer digestiven Ohnmacht nahe – stellten wir fest, dass jedoch auch eine politische Bewegung wie die Piratenpartei unbedingt die Akzeptanz beim Publikum benötigte. Wie sollte sonst das große Ziel »Bundestag« erreicht werden? Am besten wäre es also, dem Publikum einen entweder a) charismatischen, b) entschlossenen, c) intriganten oder d) rücksichtslosen Kandidaten zu präsentieren. Im Oktober 2012 allerdings sah es bei den Piraten zumindest an der Front der Köpfe schlecht aus, denn die aussichtsreichsten Piraten hatten sich selbst ins Abseits gestellt:

Da war Julia Schramm, die geistiges Eigentum ekelhaft fand, für ihr Buch *Klick mich* aber einen riesigen Vorschuss vom Verlag kassiert haben soll. Jeder andere Politiker wäre von seiner Partei zu solch einem Deal beglückwünscht worden. Nicht aber bei den Piraten. Schramm stand sofort im Verdacht, geldgierig zu sein und das Ideal vom selbst- und anspruchslosen Piraten verraten zu haben. Als dann der Verlag auch noch mit ihrer Duldung gegen eine unentgeltliche PDF-Raub-Version auf Dropbox vorging, war der schönen Piratenidee vom Recht auf kostenlose Privatkopie eine ordentliche Schlagseite verpasst worden. Das Publikum erkannte die Heuchelei, und Schramm war politisch tot.

Marina Weisband, die nächste vielversprechende Kandidatin und eine Art Jeanne d'Arc der Piratenpartei, hatte inzwischen ihren Rückzug verkündet, weil sie nicht damit einverstanden war, dass ihr attraktives Äußeres in der Öffentlichkeit als Qualifikation angesehen wurde. Allerdings musste sie sich hier die Frage gefallen lassen, mit welchen romantischen Vorstellungen sie in das »Haifischbecken« der Politik und der Medien gestiegen war. Dass die alltäglichen Reflexe aus dem Bereich Sexismus auch vor der Politik nicht Halt machen, hätte ihr doch eigentlich klar sein müssen.

»Also«, empörte ich mich, »bleibt noch der Bundesvorsitzende Bernd Schlömer. Dummerweise sieht er mit dem Mopedhelm auf dem Kopf wie ein Komiker aus den 50er Jahren aus. Dann Johannes Ponader, der sich durch seinen Hartz-IV-Privatkrieg selbst ins Abseits geschossen hat, und Bruno Kramm, der uns durch seine außerordentliche Frisur erzählt, dass er lieber als Exot denn als Sympathieträger gesehen werden will. Wie wollen wir Piraten das Problem mit den Köpfen also lösen?«

Hase holte tief Luft, legte Messer und Gabel beiseite, und dann begann er einen mehrstündigen Vortrag, in dem er mir erklärte, dass die Piraten das Dilemma erkannt hätten und die fehlenden Köpfe kein Problem seien, weil die Piraten ohnehin niemals einen Kopf wie etwa Joschka Fischer an der Spitze der Partei dulden würden. Außerdem hätten die Piraten ja auch ein Programm verfasst, das nach und nach vervollständigt werden solle, um irgendwann alle Fragen des menschlichen Zusammenlebens für immer beantworten zu können. Natürlich sei man sich in der Partei noch nicht ganz über die Details einig, was dazu führen werde, dass der Riss zwischen den verfeindeten Lagern sich kontinuierlich vergrößere.

Ich fand das eine freundliche Umschreibung für den Kampf, der zwischen den sozialliberalen Anhängern des Frankfurter Kollegiums um Sebastian Nerz und der Berliner Pirantifa, der Pir(atischen) Antifa(schisten) von Oliver Höfinghoff und Stephan Urbach tobte. Die beiden Gruppen verachteten sich auf spektakuläre Weise, weshalb Hase die bizarre Grauzone unerwähnt ließ, in der sich Esoteriker, die an Zeitreisen glaubten, und Befürworter von öffentlicher Nacktheit und Drogenbesitz tummelten. Zum Glück ohne nennenswerten Einfluss. Bei Letzteren wäre es aber vielleicht praktischer, dachte ich, wenn es zuerst freien Drogenbesitz und dann öffentliche Nacktheit gäbe, allein schon um gewisse Hemmungen zu überwinden.

Einige Zeit nach Mitternacht verabschiedete ich mich von Hase. Zwar wusste ich nun immer noch nicht, welchen Piraten ich für meine Pläne gewinnen musste und wer am ehesten für die Nöte der Künstler empfänglich war, doch zumindest hatte ich eine weitere Lektion in Sachen Politik gelernt.

Lektion 6: Die Schlacht um die Wahrheit

Der Moment, in dem du und deine Gefolgsleute damit beginnen, ein Parteiprogramm zu erstellen, gilt in der Politik als die Stunde der Wahrheit, wahlweise auch als Eintritt in die Hölle. Da sich seit dem Zeitpunkt der Parteigründung genügend ehrgeizige und machtbesessene Protagonisten in den Vordergrund gespielt haben, endet in dieser Phase der Parteiengenese jede Diskussion über ein Programm in einer gnadenlosen Schlacht um die Wahrheit oder das Seelenheil der Kombattanten. Du kannst hier natürlich versuchen, deine parteiinternen Gegner aus selbiger zu werfen, wirst dadurch aber negative Berichterstattung ernten und unangenehme Einblicke in deine Seele erlauben. Besser ist es, abzuwarten, wann und ob gewisse Protagonisten sich selbst blamieren und damit als Störenfriede ausfallen. Sollte das nicht geschehen, ist es leider unumgänglich, sich bei dem Parteiprogramm auf einen inhaltlichen Minimalkonsens zu einigen, damit jede politische, moralische, religiöse und sexuelle Überzeugung daraus abgeleitet werden kann.

Der schmerzhafte Weg durch das Piratenprogramm

Nach zwei Abenden mit Hartmut Semken wusste ich also ein wenig mehr über die verfeindeten Fraktionen innerhalb meiner Partei. Aber ich wusste auch, dass ich dringend mein programmatisches Defizit ausgleichen musste, wenn ich wirklich in der Partei Karriere machen und Einfluss auf ihre Politik nehmen wollte.

Ich hatte mir ja schon einmal im September 2011 anlässlich des Berliner Wahltriumphes das Parteiprogramm angesehen und es in fünfzehn Minuten amüsiert verschlungen. Damals hieß es, die Piraten würden beherzt an der Vervollständigung des Textes arbeiten, ihre Bibel auf die noch übrig gebliebenen Bereiche, in denen der Staat seinen Bürgern Gutes tun kann, erweitern. Also nahm ich mir das Programmheftchen ein zweites Mal vor, in der Hoffnung, anschließend rhetorisch und ideologisch auf der Höhe zu sein.

Meine Befürchtungen, dass ich für das Textstudium Tage, vielleicht sogar Wochen brauchen könnte, erwiesen sich jedoch als übertrieben, weil das Piratenprogramm auch im Herbst 2012 noch immer mit dem Adjektiv »übersichtlich« beschrieben werden konnte. Es beschränkte sich neben den Aussagen zur Teilhabe am digitalen Leben hauptsächlich auf die Themen Urheberrecht, bedingungsloses Grundeinkommen, fahrscheinloser ÖNV, Weltfrieden, sofortige Abschaffung des Hungers und weltweite Anerkennung selbstbestimmter geschlechtlicher oder sexueller Identität bzw. Orientierung. Bei dem letzten Programmpunkt machte ich mir einen Vermerk im Kalender. Ich wollte unbedingt dabei sein, wenn diese Forderung mit den Vertretern der islamischen Gemeinde geklärt würde. Vor allem auf die Haltung der Religionswächter in Saudi Arabien, die angeblich in solchen Fragen als ein wenig engstirnig galten, war ich gespannt.

Zur Vorbereitung der masochistischen Programm-Klausur schleppte ich eine Kiste Club Mate, vier Tüten Gummibärchen und diverse Sorten Kartoffelchips nach Hause. Ich hoffte, mich durch diese spezielle Piraten-Diät in einen Gemütszustand versetzen zu können, der es mir leichter machen würde, das Parteiprogramm zu verstehen. Ich schloss mich sogar in meinem Büro ein. Allerdings nicht, weil ich ungestört sein wollte, sondern weil ich ahnte, dass der Moment kommen könnte, in dem ich entsetzt aus dem Haus rennen wollte. Deshalb schob ich den Schlüssel unter der Tür hindurch und übergab ihn meiner Frau mit der Aufforderung, mich erst dann wieder aus dem Büro zu befreien, wenn die Arbeit erledigt sei.

Das total bedingungslose Grundeinkommen

Ein Parteiprogramm kann ja durchaus als die Übersetzung der persönlichen Lebenswelt der Parteimitglieder in Ideologie angesehen werden und dient dabei vor allem der Heilung von erlittenen Demütigungen wie auch der Befriedigung von persönlichen Bedürfnissen. Dagegen ist nichts zu sagen. Und nicht anders verhält es sich bei der Piratenpartei, wie ich bereits von einem Mitglied meiner Crew, den Q-Damm-Piraten, erfahren hatte.

Michael, ein Mittfünfziger-Nerd, der durch Lederjacke, Basecap und Cowboystiefel seine ewige Jugend demonstrierte, hatte sich die wirtschaftliche Kurzanalyse als Lebensmotto auserkoren, die Marina Weisband einmal in der Lanz-Talkshow zum Besten gegeben hatte: »Wir brauchen nicht mehr jeden, weil wir so viel automatisiert haben. Ist doch super, wenn nicht jeder arbeiten muss.« Konsequenterweise hatte er entschieden, dass er zu denen gehören wollte, die nicht mehr gebraucht würden. Und folglich verbrachte er seine Tage auf Twitter, äußerte dort seine Wut über die Ungerechtigkeit der Welt und versorgte sich in seiner Freizeit mit Unterhaltungsprogrammen, die er sich über The Pirate Bay, Kinox.to und Megaupload besorgte. Dadurch schaffte er es, ein Universum von mehr oder weniger sinnvollen Endlos-Diskussionen am Laufen zu halten. Da das bedingungslose Grundeinkommen (kurz: BGE) jedoch auch zu dieser Zeit noch Theorie und lediglich Forderung war, musste er sich hin und wieder durch demütigende Gänge zum Sozialamt finanzieren.

Ich hatte ihn nach einer Crewsitzung gefragt, ob er aus seiner besonderen Situation einen Mehrwert für sich selbst, seine Zukunft oder vielleicht sogar die Gesellschaft ableiten könne. Daraufhin sah er mich konsterniert an.

»Hast du'n Arsch offen?« fragte er mit piratischer Direktheit.

»Das kann ich dir im Moment nicht sagen«, antwortete ich im Glauben, die Heftigkeit seiner Reaktion sei sarkastisch zu verstehen. War sie nicht.

»Guck mal ins Parteiprogramm. Da steht ...« Er nahm ein Exemplar des kleinen Heftchens aus der Hosentasche und las vor: »›Die technologische Entwicklung ermöglicht es, dass nicht mehr jede monotone, wenig sinnstiftende oder sogar gefährliche Aufgabe von Menschenhand erledigt werden muss. Daher betrachten wir das Streben nach absoluter Vollbeschäftigung als weder zeitgemäß noch sozial wünschenswert.‹«

Warum Vollbeschäftigung sozial nicht wünschenswert sein sollte, wollte mir nicht so recht einleuchten. Doch Michael hatte Argumente parat.

»Kapierst du das nicht? Die Abkehr von der Vollbeschäftigung bedeutet, dass wir diesen ganzen Mist nicht mehr zwanghaft erledigen müssen.«

»Kapier ich schon, aber wenn jeder seinen Beruf selbst wählt, bleiben natürlich all die Arbeiten unerledigt, die entweder gefährlich oder schmutzig sind oder keinen Sinn stiften.«

»Zum Beispiel?«, wollte er wissen.

»Zum Beispiel Minenräumung, Müllabfuhr, Ölplattform,

Straßenreinigung, Kanalreinigung, Krieg, Fließband bei Opel, Kasse bei Edeka, Nebenrolle bei ›Gute Zeiten, Schlechte Zeiten‹.«

»Krieg ist sowieso scheiße. Und außerdem ist mit dem BGE ja auch eine Zukunft gemeint. Das geht zum Teil jetzt noch nicht. Aber es ist eben unsere Utopie, dass wir uns dafür einsetzen, dass alle Menschen gerecht am Gesamtwohlstand beteiligt werden.«

Michael war der lebende Beweis, dass meine Partei nicht angetreten war, um sich bei ihrer Politik von Tatsachen ablenken zu lassen. Und dass für die Forderung nach einem BGE mehr ein sentimentaler Reflex als wirtschaftlich fundierte Forschung zu Rate gezogen worden war, lag einfach daran, dass wir uns in den träumerischen Regionen eines Grundsatzprogramms befanden. Und das wiederum benötigte keinen Beweis der Realisierbarkeit, da es dieselben Hirnregionen ansprechen sollte, die auch von Stoffen, die unters Betäubungsmittelgesetz fallen, angeregt werden. Natürlich war es zu Forschung und wirtschaftlicher Innovation bisher auch ohne das bedingungslose Grundeinkommen gekommen, und in Gesellschaften, in denen es ein Quasi-BGE gab (DDR), hießen wirtschaftliche Innovationen vor allem Robotron, Trabbi und Ferrodit Rostumwandler. Dennoch wollte Michael die Sehnsucht nach dem wirtschaftlichen All-Inclusive nicht aufgeben.

Erst als die mit dem BGE zu beglückenden Massen, wie jüngst bei den Wahlen in Niedersachsen, ausgerechnet die Parteien ignorierten, die das soziale Element wie eine Monstranz vor sich her trugen – die Piratenpartei und Die Linke –, trat Ernüchterung ein. Hatte der Bürger etwa kein Interesse an einem bedingungslosen Grundeinkommen? Waren die Wähler gar so erschütternd dämlich, dass sie nicht verstanden, was ihnen hier versprochen wurde? Oder, und das wäre für die Piraten die schlimmste aller Diagnosen, hatten die wählenden Niedersachsen erraten, dass solche Forderungen bisher noch nie realisiert wurden? Und dass sie auch in Zukunft nicht realisiert werden würden, wofür es einen ebenso triftigen Grund geben musste?

Da Michael, wie auch das Parteiprogramm, keine Auskunft über die Höhe des bedingungslosen Grundeinkommens geben konnte, musste ich, um eine Antwort zu erhalten, in die Untiefen der piratischen Mailinglisten eintauchen. Ich hoffte, der Schwarm würde in seiner grenzenlosen, kollektiven Weisheit das Problem lösen. Tatsächlich geisterte auch an einer Stelle eine Summe von 440 Euro pro Monat und Einwohner herum, an einer anderen waren es 457 Euro. Aber was war schon eine Differenz von 17 Euro (umgerechnet im Jahr lächerliche 16,8 Milliarden), wenn die Summe durch eine höhere Mehrwertsteuer und einen einheitlichen Steuersatz von 45 Prozent gegenfinanziert werden konnte? Irgendeinem Schlaumeier fiel dann zwar auf, dass 440 Euro oder 70 Prozent des steuerlichen Existenzminimums pro Person und Monat unmöglich ausreichen konnten, aber auch daran hatten die fleißigen Finanzpiraten gedacht: »Zusätzlich soll bei Nachweis einer entsprechenden Bedürftigkeit ein Zuschuss zu den Wohnkosten (Miete, Nebenkosten, Heizkosten) gezahlt werden.« Weitere Fragen, vor allem die der Finanzierung und bürokratischen Verwaltung, würden dann nach der Übernahme der Regierungsverantwortung von Spezialisten und Enquete-Kommissionen beantwortet werden ...

Zumindest in diesem Punkt hatte meine Partei bereits perfekt das politische Spiel mit den Versprechen, die nie gehalten werden müssen, erlernt. Vielleicht lag also hier ein Thema, mit dem ich mich in der Partei profilieren konnte. Was wäre zum Beispiel, dachte ich mir, wenn man die von dem Unternehmer Götz Werner (dm-drogerie markt) ins Spiel gebrachte Summe von 1500 Euro pro Monat ansetzen würde, die durch eine Mehrwertsteuer von bescheidenen 50 Prozent finanziert werden sollte? Für eine Familie, in der Papa arbeitet und 2000 Euro verdient, während Mama sich um den einzigen Nachwuchs kümmert, würde das 6500 Euro bedeuten (3 x 1500 + 2000 = 6500). Das klang nicht schlecht. 6500 Euro netto pro Monat brachten nur wenige Autoren zusammen. Mit anderen Worten: Wir würden 78 000 Euro pro Jahr erhalten, wenn wir auf das Urheberrecht verzichteten und dafür die Piratenpartei wählten!

Meine skeptische Einstellung gegenüber dem bedingungslosen Grundeinkommen begann sich augenblicklich aufzulösen. Das waren doch großartige Aussichten. Ich griff zum Telefonhörer. Ich wollte sofort die bezaubernde und überaus kompetente Katharina Uppenbrink beim Verband Deutscher Drehbuchautoren über diese sensationelle Nachricht informieren. Sie musste unverzüglich alle Aktionen gegen meine Piratenpartei stoppen, da diese uns Autoren letztlich schaden würden. Also keine Klage vor dem Europäischen Gerichtshof für Menschenrechte, keine Attentate mit gebrauchten Druckerkartuschen, keine Drehbuchverbrennungen vor der Geschäftsstelle der Piratenpartei.

Leider kannte Katharina die Zahlen. Und sie wusste auch, wo der Haken lag.

»Kennst du Horst Sieber?«, fragte sie mich in dem ungeduldigen Ton einer Kreissäge, was mir nonverbal sagen sollte, dass ich nicht der Erste sei, der mit diesem Blödsinn um die Ecke komme.

»Nein.«

»Solltest du aber, mein lieber Uwe.«

»Wer ist das?«

»Ein Ökonom.«

»Und ich vermute, er sagt was zu dem Thema?«

»Das tut er. Soll ich zitieren?«

»Besser nicht«, antwortete ich, weil ich schon ahnte, dass das Zitat meine Idee zunichtemachen würde.

»Ich mach es trotzdem: ›Für 82,5 Millionen Deutsche würde sich das unbedingte Grundeinkommen auf satte 1500 Milliarden Euro pro Jahr belaufen‹ ...«

»Oh.«

»Ja, oh. Da unser Volkseinkommen jedoch nur bei 1700 Milliarden Euro liegt, wird damit nahezu das gesamte Volkseinkommen, ich zitiere noch einmal: ›... als bedingungsloses Grundeinkommen verteilt, ohne dass die Menschen überhaupt dafür arbeiten.‹ Und wie geht es dir sonst so bei den Piraten?«

Ich antwortete, dass ich dazu noch nicht viel sagen könne, musste ihr aber versprechen, dass ich nichts unternehmen würde, was den Drehbuchautoren und überhaupt der Kaste der Kreativen Schaden zufügen könnte.

Wie sollte ich auch? Der Einzige, der Schaden erlitt, war ich, weil ich seit zwei Stunden nicht aus meinem Büro herauskam. Meine Frau hatte mich inzwischen per SMS wissen lassen, dass sie zur Yoga-Stunde gefahren sei. Wann sie wieder nach Hause kommen würde, war unklar. Eine Stunde, zwei Stunden, drei? Ihr Handy war ausgeschaltet. Und wo fand das Yoga überhaupt statt? In Indien? Ich begann, unruhig zu werden. Um mich abzulenken, forschte ich weiter und fand eine Website, auf der ein gewisser Anti-BGE-Pirat meinte, dass das BGE ein Holzweg sei, der die Bürger zur Unmündigkeit erziehe, weil sie vom Staat abhängig würden. »Da sich die Anzeichen häufen, dass der Staat durch Lobbyisten unterwandert ist, ist das BGE eine wunderbare Möglichkeit der Großkonzerne, sich nach dem Staat auch den Bürger untertan zu machen.«

Das war zwar etwas umständlich formuliert, dafür aber eine überraschend klare und mutige Position innerhalb der Piratenpartei. Vor allem stand sie im Gegensatz zur Inszenierung, die der Regisseur, Schauspieler und Theaterpädagoge Johannes Ponader veranstaltete. Sein Wunsch, eine Art bedingungsloses Grundeinkommen in Form von Spenden zu erhalten, damit er sich unabhängig von Hartz IV und Gelegenheitsjobs auf sein Piratenamt konzentrieren konnte, offenbarte ein eigenartiges Verständnis seines Amtes. Was würde

Ponader machen, wenn die Leute, die ihn unterstützten, ihre Spenden zurückhalten, weil er Dinge sagt, die ihnen nicht passen? Ich ärgerte mich, dass ich den Text des Anti-BGE-Piraten nicht schon zu Anfang gelesen hatte, dann wäre mir wenigstens der peinliche Anruf beim VDD erspart geblieben.

Und noch mehr ärgerte ich mich, weil das Wirtschaftsprogramm meiner Piratenpartei so aussah, als hätten sich die Verfasser genau der Stellen im Koran, die das Paradies beschrieben, per Copy & Paste bedient und lediglich die Passage mit den 72 Jungfrauen ausgelassen. Nun gut, dachte ich, wenigstens hast du die erste Hürde auf dem Weg zum ausgewiesenen Parteiprogramm-Kenner genommen. Dafür hatte ich aber auch drei Flaschen Club Mate und zwei Tüten »Chio Tortillas Hot Chilli« verbraucht.

Lektion 7: Sich nicht von der Realität beirren lassen

Eine weitere sehr wichtige Lektion besteht darin, sich beim Entwurf eines Parteiprogramms auf keinen Fall von der Realität und/oder den »Verhältnissen« beirren zu lassen. Sollte dich jemand auf konkrete Zahlen und Fakten festnageln wollen, musst du sofort ausweichen und denjenigen einen Bürokraten nennen, welcher keine Phantasie hat oder den Status quo bewahren will. Auch solltest du immer dran denken, dass es nicht darum geht, ob eine Forderung realisierbar ist, sondern dass sie gut klingt und die Klientel befriedigt. Notfalls kannst du darauf verweisen, dass du im Falle des Wahlsieges sofort zahllose Kommissionen, bestehend aus Beratern, Fachleuten und Experten, einsetzt, die alle ja letztlich doch nur banalen Probleme lösen müssen. Praktischerweise kannst du in diesen Kommissionen Freunde, Wegbegleiter, moralische Gläubiger und sogar Feinde unterbringen bzw. ruhigstellen.

Die flüssige Erwiderung

Zwischenzeitlich hatte ich mein Büro verlassen können. Meine Frau war rechtzeitig vom Yoga zurückgekommen und zeigte mir zu meiner Verblüffung, dass die Tür unverschlossen war. Wie das möglich sein konnte, vor allem, weil ich ganz sicher war, sie abgeschlossen zu haben, ist mir bis heute ein Rätsel.

Die nächste Station auf meiner Via Dolorosa durchs Piratenprogramm hieß Liquid Feedback – das berühmt-berüchtigte Instrument, mit dem wir Piraten der vollkommenen Basisdemokratie zum Durchbruch verhelfen wollen. Als ich meiner Frau davon erzählte, wunderte sie sich weniger über die kommunikative Software als mehr über das »wir Piraten«. Ich wusste im ersten Moment nicht, was sie meinte, fühlte mich dann aber ertappt. Stellte sich bei mir so etwas wie das Stockholm-Syndrom ein? War ich nach wenigen Wochen als Pirat schon zu lange dabei? Wurde ich schwach? Ich wusste es nicht und beschloss, mich in Zukunft genauer zu beobachten. Auf alle Fälle lautete die Idee hinter Liquid Feedback, die unterdrückte Menschheit aus der politischen Ohnmacht zu befreien. Bisher waren wir ja gezwungen, im Zuchthaus der repräsentativen Demokratie unsere Autonomie an die korrupte Clique der Berufspolitiker abzugeben. Mit dem geradezu revolutionären Betriebssystem aber konnte auf der entsprechenden Website nun jeder zu jeder Zeit jeden Antrag stellen, andere Anträge ablehnen oder verbessern und wirklich jede Meinung zu jedem Thema abgeben.

Im Gegensatz zum BGE, das mir zu sehr nach Selbstversorgung und Klienteldienst aussah, war Liquid Feedback eine Sache, die ich sofort als piratisches Alleinstellungsmerkmal erkannte. Vielleicht konnte ich mir hier die nötigen Meriten erwerben, um in meiner Partei die Karriereleiter emporzuklettern. Da ich selbst seit Wochen auf einen Zugang zu dem Abstimmungssystem wartete, konnte ich nicht aus eigenen Erfahrungen schöpfen. Also suchte ich im Netz nach An- und Einsichten zu dem Thema und fand eine Kontroverse vor, die mir in dieser Radikalität noch gar nicht aufgefallen war. Überraschenderweise entdeckte ich als ersten Beitrag den der Liquid-Feedback-Entwicklergruppe in der Public Software Group e.V. Diese Jungs hielten nun überraschenderweise das System für absolut ungeeignet, um Abstimmungen oder gar Wahlen durchzuführen. Der Grund war, dass die Teilnehmer die korrekte Funktionsweise von LF nicht überprüfen könnten. Daher müssten sie dem System blind vertrauen, was nicht gerade demokratisch zu nennen sei.

Aha, dachte ich, das klingt ja nicht gerade beruhigend. Wenn schon die Entwickler kein Vertrauen in ihre Erfindung hatten, wie wollte die Piratenpartei dann ihre Mitglieder und die Öffentlichkeit von den Vorzügen des Liquid Feedback überzeugen? Und es wurde noch schlimmer. Der berühmte Chaos Computer Club war sogar der Meinung, dass Liquid Feedback als eine Art Wahlcomputer betrachtet werden könne, geheime und sichere Wahlen jedoch mit Wahlcomputern prinzipiell nicht durchführbar seien. Ich rieb mir die Augen. War das unser vielgerühmter Demokratiebringer? Im Grunde war es so, als ob man in ein Flugzeug einsteigt, von dem der Erfinder sagt, dass es niemals abheben werde. Und wenn doch, dann bestimmt bei nächster Gelegenheit abstürze. Erschwerend hinzu kam noch, dass im Herbst 2012 außer mir ca. 12 000 weitere Piraten (ein Drittel aller Parteimitglieder) keinen Zugang zu Liquid Feedback hatten, wie ich der entsprechenden Diskussionsseite entnehmen konnte.

Hase erklärte mir bei unserem nächsten Treffen, wie es zu dieser vernichtenden Diagnose des Chaos Computer Clubs kommen konnte. Bei einer Online-Wahl gibt es drei Probleme: 1. Entweder die Stimmabgabe erfolgt anonym, dann ist sie aber nicht nachprüfbar. 2. Sie erfolgt namentlich, dann ist sie nachprüfbar, aber nicht geheim. 3. Sie erfolgt nachprüfbar und geheim, dann geht es jedoch nicht online. »Außerdem kann bei Online-Wahlen die Stimmabgabe beeinflusst werden, indem der Wahlcomputer manipuliert wird.«

Mit anderen Worten handelte es sich bei Liquid Feedback also um die digitale Entsprechung zu Wahlen in Weißrussland oder Kuba? Oder war es eher wie bei einer öffentlichen Abstimmung, bei der man Nein- oder Ja-Karten hochhob? Der psychologische und soziale Druck, der auf den Abstimmenden ausgeübt würde, konnte in besagten Ländern oder im Bundestag als Fraktionszwang besichtigt werden. Unter dem Aspekt des Datenschutzes war das eine heikle Angelegenheit.

Die ideologische Sabotage

Nun könnte man fragen, ob Anonymität und Privatsphäre in der Zeit von Bundestrojanern, Google, Facebook und Co. nicht ohnehin »sowas von Eighties« ist, wie Post-Privacy-Jünger meinen. Sogar BKA-Vizepräsident Jürgen Maurer hatte ja verkündet, dass jeder, der im Internet sei, den Privatraum verlassen habe und sich im öffentlichen Raum aufhalte. Damit wäre aber die Frage, ob es noch möglich ist, geheim abzustimmen, eindeutig mit ›nein‹ beantwortet – und meine Partei hätte ein ordentliches Problem.

Oder konnte es sein, dass bestimmte Gruppen innerhalb der Piraten gerne wissen wollten, wer von der offiziellen Linie abwich? Dass sie die gesetzlich verankerte Anonymität ablehnten, weil sie aufdecken wollten, wer gegen die Piratendogmen verstieß, wer die Unfehlbarkeit der Partei in Zweifel zog, kurz: weil sie wissen wollten, wie die Basispiraten abstimmten? Wenn es keine Anonymität mehr gab, würde doch durch subtilen Gruppendruck jeder Liquid-Feedback-Nutzer gezwungen werden, sich unter die Knute der political correctness zu begeben. Denn als Protestwähler konnte man sein Kreuz unmöglich zum Beispiel beim politischen Gegner machen, ohne dass die sozialen und beruflichen Folgen unermesslich wurden.

Ich unterbrach an dieser Stelle meine Parteiprogramm-Klausur und fuhr ins Papillon, um meiner Crew diesen beunruhigenden Gedanken zu erläutern.

»Also, Leute, ich glaube, ich bin einer amtlichen Verschwörung auf der Spur. Wenn die Partei es nicht schafft, ihr zentrales Werkzeug zum Laufen zu bringen, und wenn die zuständigen IT-Beauftragten keine Zugangsdaten verschicken, nehmen sie vielleicht die daraus entstehenden Probleme billigend in Kauf?«

Die Crew, die an diesem Tag auf vier Mitglieder geschrumpft war, sah mich erstaunt an.

»Kann doch sein, dass die ›Liquid-Feedback-Fanbois‹ die Basis nicht wirklich dabeihaben wollen, wenn es um wichtigste Fragen geht.«

Nach und nach zog die Crew zumindest die Möglichkeit einer hinterhältigen Sabotage in Betracht. Wir konnten ja auch jeden Tag auf Twitter sehen, was dabei herauskam, wenn die aufmüpfige Basis sich äußerte: ein Shitstorm an Meinungen, der jeden vernünftigen Entscheidungsprozess wenn nicht unmöglich, so doch zäh und ermüdend machte. Also wäre es durchaus nachvollziehbar, wenn die Parteiführung die glorreiche Errichtung der Basisdemokratie durch Liquid Feedback zwar behauptete, gleichzeitig aber auch nicht traurig wäre, wenn es nie dazu käme.

Markus wusste zudem, dass die meisten Mitglieder die piratische Methode demokratischer Mitbestimmung ohnehin ignorierten: »Und das liegt nicht an den fehlenden Zugängen. Wusstet ihr, dass weniger als 3 Prozent der Mitglieder an den Liquid-Feedback-Abstimmungen teilnehmen? Von 35 000 Mitgliedern beteiligten sich durchschnittlich nur 500 an den Diskussionen.«

»Und jetzt stellt euch mal vor«, sagte ich, »der Schwarm, also die Basispiraten plus die Gesamtheit der Bevölkerung, würde nicht links denken, was ja anzunehmen ist. Wie würde die Partei wohl reagieren, wenn die sich per Liquid Feedback zum Beispiel gegen die Rettungsschirme für Griechenland,

Portugal, Irland, Spanien entscheiden? Oder gegen das bedingungslose Grundeinkommen? Oder für Überwachungskameras an jedem Bahnhof Deutschlands?«

Wahrscheinlich hatten sich die Piraten zu Beginn den Schwarm so vorgestellt, wie sie selbst waren. Mindestens links, wenigstens liberal. Zum größten Teil technisch versiert, studiert, gebildet, dazu antiautoritär, antifaschistisch, antirassistisch. Doch spätestens seit die Wähler in Niedersachsen sich gegen die Piratenpartei entschieden hatten, musste die Führung erkennen, dass die Wähler nicht unbedingt auf der Parteilinie lagen. Also zog man sich zurück, grollte dem Volk und war beleidigt. Zu dieser Zeit wurde durch den Vorstand auch zum ersten Mal die Losung »Köpfe statt Themen« ausgegeben. Das rief zwar gewaltigen Protest hervor, war aber der erste Schritt in die Normalität der Parteienwelt. Und da verstand ich plötzlich, was der eigentliche Zweck von Liquid Feedback war. Das Werkzeug sollte kontrollieren, was den Piraten im stillen Kämmerchen ihres Unbewussten schon lange klar war: Wir sind nicht anders als andere Politiker. Uns kann in den Parlamenten das passieren, was jedem passiert, der eine Aufgabe übernimmt. Auch wir können müde werden, können abstumpfen, können uns mehr für Strategien als für Inhalte interessieren, können so werden wie die, die wir heute noch bekämpfen.

Liquid Feedback war dementsprechend eine Art freiwillige Selbstkontrolle, eine moralische Fußfessel, um die Abkehr von der Piratenreligion zu verhindern. Und nun hatte die Parteiführung gerade noch rechtzeitig bemerkt, dass sie die Kontrolle nicht wirklich haben wollte. Zumindest nicht durch 35 000 Piraten. Ein ursprünglich demokratisches Instrument wurde in den Händen einer Partei derart zum Demokratie-Verhinderer. Oder, um einen berühmten Clausewitz-Satz abzuwandeln: Die Politik ist eine viel zu wichtige Sache, um sie der Basis zu überlassen.

Lektion 8: Je naiver das Publikum ist, desto besser

Ein gutes Parteiprogramm muss den Wählern zeigen, dass die Partei mit etwas absolut Neuem um die Ecke kommt, dass sie radikal ist, weil es um Menschenrechte, Demokratie und Selbstbestimmung geht. Dabei musst du unter allen Umständen etwas finden, was dein Parteiprogramm von allen anderen Parteienprogrammen unterscheidet, da es sonst keinen Grund gibt, deine Partei zu wählen. Sollte es eine soziale oder historische Auszeichnung geben, so muss ihre Bedeutung unbedingt in den Vordergrund gestellt werden. Sollte es sich gar um eine technische Expertise handeln (Liquid Feedback), kann diese als das politische Gottesteilchen auf die eigene Fahne geschrieben werden. Für den Fall, dass diese Auszeichnung unvollständig, falsch oder fehlerhaft ist, gilt es, das unter allen Umständen zu verschleiern. Sollten andere Parteien die Themen in ähnlicher Form vertreten oder gar übernehmen, so ist es ratsam, dass du ihnen sofort Phantasielosigkeit, Ideenklau und Inkompetenz unterstellst. Zudem musst du deutlich machen, dass deine und nur deine Partei die Jugend und die progressiven Kräfte vertritt. Am besten ist es, wenn du dich vor allem an die jungen Wähler wendest, die noch nicht genau verstehen, um was es geht. Je naiver das Publikum ist, desto besser.

Die Nackten und die Durchsichtigen

Jeder ordentliche Stammtisch weiß, dass »die da oben« mauscheln, heimlich Geschäfte machen und lügen und betrügen, dass sich die Balken biegen. Deswegen gibt es seit vielen Jahren Bewegungen wie Open Source, Open Government, Transparency International, Wikileaks. Als ich mich dem dritten Teil meiner Piratenpartei-Programmerforschung widmete, nämlich dem Thema Transparenz versus Privatsphäre, dachte ich noch, ich hätte eine klare und eindeutige Haltung zu dieser Frage. Einen Tag später schon hatte ich den ideologischen Boden unter den Füßen verloren.

Grund dafür war die Begegnung mit einem Piraten namens Marco auf einer Informationsveranstaltung des VDD zum Thema Urheberrecht. Autoren und Piraten hatten sich in einem Lokal verabredet, an dessen Namen ich mich nicht mehr erinnern kann, um einander ihre Sorgen zu erklären. Marco war mir sofort aufgefallen, weil er nicht nur beunruhigend schmal war, sondern auch noch gebückt ging, obwohl er nur etwa 1,65 Meter groß war. In einer Zigarettenpause waren wir dann ins Gespräch gekommen, und er hatte mit einem Selbstbewusstsein so groß wie Nordrhein-Westfalen verkündet, dass es sich bei der Piratenforderung nach Transparenz um eine Selbstverständlichkeit handle, weil wir ohnehin schon längst völlig durchsichtig seien. Er habe sich deshalb mit etwas arrangiert, das seiner Ansicht nach nicht aufzuhalten sei. Na ja, dachte ich, typische Piratenrhetorik voller Paranoia und Alarmismus. Aber dann legte er los.

»Wann hast du zum letzten Mal den Virenscanner über die Festplatte geschickt?«

»Ich hab einen Apple.«

»Und du meinst, da gibt's keine Viren?«

Sein spöttischer Tonfall machte mich nervös. Es klang so, als wüsste er etwas, von dem ich noch nicht mal ahnte, dass ich es nicht wusste.

»Du hast keine Ahnung, Alter.«

»Zum Beispiel?«

»Ich kann bei deinem Mac die Kamera starten, ohne dass du es merkst.«

»Kannst du nicht.«

Er grinste.

»Im Ernst?«

»Nein, zum Spaß.«

»Und dann?«

»Sehe ich, was du vor dem Bildschirm so treibst.«

Mein Lächeln mutierte innerhalb einer Nanosekunde von überheblich zu gequält. Ich fragte ihn, ob er Mitglied bei Anonymous sei (ein loses Kollektiv von Hackern, das Protestaktionen im Internet durchführt).

»Niemand, der bei Anonymous ist, ist so blöd, zuzugeben, dass er bei Anonymous ist.«

»Also bist du nicht bei Anonymous?«

»Wenn ich verneine, dass ich bei Anonymous bin, heißt das im Umkehrschluss nicht, dass ich nicht bei Anonymous bin.«

Da ich nicht in den Tiefen einer ebenso verworrenen wie sinnlosen Erörterung versinken wollte, stimmte ich ihm einfach zu. Nerds – und unter ihnen vor allem die Piraten – lieben es, stundenlang komplizierte Sachverhalte zu diskutieren. Vermutlich hängt es damit zusammen, dass sie permanent an den Grenzen einer irrealen virtuellen Welt herumhängen. Deswegen lieben sie auch Bücher wie Douglas Adams' *Per Anhalter durch die Galaxis*.

»Verstehe. Und wie willst du das machen, meinen Computer zu hacken?«

Er tippte kommentarlos ein paar Befehle in sein Notebook und kannte eine Viertelstunde später meine IP-Adresse. Noch eine weitere Viertelstunde später amüsierte er sich vorzüglich, wie sorglos ich die, so wörtlich, »Schlafzimmertür« meines häuslichen Rechners offen ließ. Ich sah, wie er ungehindert auf meiner Festplatte herumflanierte, Dateien, Fotos und Programme inspizierte, ohne von irgendeinem Virenprogramm aufgehalten zu werden. Er stellte mir sogar die Viren und Trojaner vor, die dort unbehelligt ihr Unwesen trieben. Es war ebenso interessant wie furchtbar.

Als er dann auch noch laut vorlas, welche Websites ich zuletzt besucht hatte, darunter solche, die mir peinlich waren, bat ich ihn energisch, seine Stimme zu senken. Um uns herum standen nämlich meine Autorenkollegen, die nicht unbedingt hören mussten, worüber wie sprachen. Marco wurde tatsächlich leiser, aber deswegen nicht weniger hinterhältig. Er wollte nun wissen, ob er die Passwörter, mit denen ich meine Online-Shopping-Konten sichere, auf Facebook veröffentlichen solle. Ich verneinte und wusste von da an, dass ich tatsächlich ein »DAU«, ein »Dümmster Anzunehmender User« war.

Wieso hatte ich mich nicht um die Sicherheit meiner Dateien gekümmert? Wenn jemand so einfach in mein digitales Zuhause einbrechen konnte, was war dann mit all den schönen Fotos, die eigentlich niemand sehen sollte? Oder, noch schlimmer, mit all den genialen Drehbuchideen? Konnten die nicht jederzeit von der Autorenkonkurrenz gestohlen werden? Vermutlich nicht, denn meine Kollegen waren ja in den meisten Fällen genau solche »DAUs« wie ich. Als ich endlich einem Nervenzusammenbruch nahe war, setzte mein Mit-Pirat zum finalen Beweis meiner Ahnungslosigkeit an. Er startete die Webcam meines häuslichen Computers, woraufhin wir gemeinsam beobachteten, wie meine Frau sich in eigenartigen Positionen verrenkte, während sie an einem Home-Yogakurs teilnahm.

Ich verließ augenblicklich die Veranstaltung, lud zuhause Kaspersky Total Security und Kaspersky Internet Security für insgesamt 130 Euro herunter und machte schonungslose Jagd auf Trojaner, Viren, Würmer und andere Feinde meines Privatlebens. Als meine Frau sich über die Hektik wunderte, verblüffte ich sie mit meiner Kenntnis ihrer sportlichen Betätigungen mit den Namen »Sonnengruß«, »Schildkröte«, »Reiher« und »Der herabschauende Hund«. Sie sah mich erstaunt an und wollte wissen, ob ich sie heimlich beobachte. Ich deutete wie ein cooler Hacker auf den Computer.

»Die kleine Kamera an der Oberkante.«

»Aber das Lämpchen hat doch gar nicht geleuchtet.«

»Tja, da siehst du mal, welche Gefahren im Internet lauern!«

Beim Abendessen erzählte ich ihr, dass Pirat Marco für den Angriff auf unsere Privatsphäre verantwortlich und ich seitdem ziemlich beunruhigt sei.

»Vielleicht sollten wir einfach das kleine gelbe Kabel aus der Steckdose ziehen und auf den Zugang zur digitalen Welt verzichten«, sagte ich. »Wir haben doch keine Ahnung, wie transparent wir schon sind. Hast du dich mal gefragt, was Google und dieser Staatstrojaner jetzt schon über uns wissen? Was ist, wenn irgendwann bekannt wird, welche Videos ich im Netz anschaue! Und die ganzen Fotos, die du gemacht hast. Du weißt schon …«

Meine Frau sah mich ungerührt an, schwieg und dachte nach. Vermutlich blätterte sie in Gedanken durch die digitalen Fotoalben auf der Suche nach kompromittierendem Material, während ich mich in eine fulminante Paranoia hineinsteigerte.

»Wir werden auf Schritt und Tritt von Überwachungskameras beobachtet. Die Dinger zeichnen auf, wo wir hingehen, was wir da machen, was und wo wir einkaufen. Und dabei meine ich nicht nur die elektrischen Zahnbürsten oder Romane von Thomas Mann. Wir hinterlassen permanent Spuren. Vielleicht liegen meine Schwächen schon längst auf irgendeinem Server als unsortierte Daten herum, und es hat sich nur noch niemand die Mühe gemacht, sie anzuschauen, weil …«

Bevor ich den Satz beendet hatte, stand meine Frau auf, ging zu ihrem Computer und löschte einige Fotos.

Anschließend klebte sie die Webcam an ihrem Computer zu.

In der Transparenzfalle

Doch eigentlich gab es gar keinen Grund zu verzweifeln, denn ein Blick ins Grundsatzprogramm meiner Piratenpartei offenbarte, dass wir das Problem erkannt und entsprechend radikale Forderungen abgeleitet hatten. Ich erfuhr, dass ich als Pirat die Privatsphäre als das Fundament einer demokratischen Gesellschaft ansah und dass ich jedem Bürger das

Recht auf Anonymität zugestand. Endlich, dachte ich, war unser Programm mal klar und unmissverständlich. Von staatlicher Stelle aus Bürger zu observieren, die keine Verbrecher sind, stellte für uns Piraten »eine fundamental inakzeptable Verletzung des Bürgerrechts auf Privatsphäre« dar. Richtig so!

Natürlich war das vor allem für unsere eigene Klientel gedacht, die sich über einschlägige Seiten im Netz Musik, Filme und Texte aus dem Netz besorgte, ohne dafür bezahlen zu wollen und deswegen von anwaltlichen Abmahnungen finanziell gefoltert wurde. (Dazu später mehr.) Oder die spezielle Fraktion, die ungehemmt dem Vergnügen frönen wollte, auf Twitter und Facebook sexistische Bemerkungen zu hinterlassen, durchaus auch an die Mitglieder der eigenen Partei gerichtet. (Julia Schramm und Marina Weisband können ein Lied davon singen, auch dazu später mehr.) Trotzdem war die Forderung auch für Leute wie mich, die im Netz weder stahlen noch beleidigten, durchaus vernünftig und nachvollziehbar.

Dass allerdings der »vorherrschende Kontrollwahn ... eine weitaus ernsthaftere Bedrohung unserer Gesellschaft darstellt als der internationale Terrorismus und ein Klima des Misstrauens und der Angst erzeugt«, wie das Programm behauptete, konnte ich persönlich noch nicht bestätigen. Aber das änderte ja nichts an der beruhigenden Wirkung, die die Argumentation hervorrief. Wir Piraten lehnten nämlich flächendeckende Videoüberwachung öffentlicher Räume, fragwürdige Rasterfahndungen, zentrale Datenbanken mit unbewiesenen Verdächtigungen rundherum ab. Na also! Damit stand das, was mein Parteifreund Marco mit meinem Computer veranstaltet hatte, im Widerspruch zu unserem Parteiprogramm. Vermutlich hatte er die betreffende Stelle einfach nicht gelesen, weshalb ich ihm sofort den entsprechenden Link zukommen ließ.

Doch kaum hatte ich die Nachricht abgeschickt, musste ich feststellen, dass meine Partei leider auch bei diesem

Thema ihrer Lieblingsbeschäftigung nachging, die in dem Verdikt bestand: Traue keiner Theorie, vor allem dann nicht, wenn du sie selbst entwickelt hast. In den einschlägigen Foren erfuhr ich nun, dass das, was im Programm wie eine vernünftige Forderung klang, nur die beschönigende Schleife um eine schreckliche Wirklichkeit war. Der Ex-Vorstand Julia Schramm brachte nämlich auf *Spiegel Online* mit ein paar dahingeworfenen Sätzen meinen Traum von der Anonymität furios zum Platzen. (Piraten verzichten auch hier auf das Femininum und benutzen das generische Maskulinum, wenn nicht gerade irgendjemand sich mal wieder fürchterlich darüber aufregt ...) »[Meine Daten gehören mir] ... ist zwar ein schöner Anspruch«, meinte sie, »aber meine Daten können mir nicht mehr gehören. Wir haben längst die Kontrolle darüber verloren. Ob wir es nun gut finden oder nicht: Privatsphäre ist so was von Eighties.«

Ja, was denn nun, fragte ich mich. Laut Bundesverfassungsgericht hat doch jeder Bürger das Recht, grundsätzlich selbst über die Preisgabe und Verwendung seiner personenbezogenen Daten zu bestimmen. War das vielleicht nur eine Heuchelei, um einen digitalen Nichtschwimmer wie mich zu beruhigen? War der Datenschutz schon längst konzeptionell implodiert, weshalb es eigentlich keinen Sinn hatte, überhaupt auf dieser Ebene weiterzudenken? Und wieso forderten wir Piraten Anonymität, wenn wir andrerseits wussten, dass diese eine Chimäre geworden war, weil Google und Facebook uns längst zu gläsernen Menschen gemacht haben? Und dort, wo die beiden Internetkraken nicht hinkamen, halfen wir selbst aus, indem wir unsere Daten freiwillig hergaben. Bei dem Philosophen Byun-Chul Han fand ich zu allem Übel auch noch den Hinweis, dass die Forderung nach Transparenz den Weg in die »Post Privacy« ebne, die neben der totalen Kontrolle auch die Steigerung der Effizienz und der Ausbeutung bedeute. Er folgerte daraus die Sichtbarmachung des Geheimen, Verbotenen, Negativen, den Ausschluss des Andersartigen, Kranken, Gefährlichen. Post Privacy war also nicht nur ein Angriff von außen, sondern auch ein freiwilliger Akt des Einzelnen. Hilfe!

Niemand weiß nichts Genaues

Wieder einmal verwirrt fuhr ich ins »Kinski«, um mich von amtlicher Stelle aufklären zu lassen. Das »Kinski« war ein Kreuzberger Club, der für jedermann offenstand und dienstags für die Piraten reserviert war. Ein wenig düster und mit alten Sofas vollgestellt, konnten wir Piraten hier eine Auszeit von unserer selbstgewählten Vereinzelung nehmen. Da der Club bei meiner Ankunft brechend voll war, vermutete ich, dass noch mehr Piraten dringende Verständnisfragen zum Thema Anonymität hatten. Ich stellte mich also zu der kleinen Piratentruppe, die sich vor dem Lokal festgeraucht hatte.

»Kann mir mal jemand erklären, wie wir Piraten den Widerspruch zwischen Transparenz und Anonymität auflösen wollen?«, fragte ich in die Runde. Der düster dreinblickende Alex Morlang, den ich bisher nur im Berliner Parlament beobachtet hatte, sah mich verwundert an. »Anonymität ist kein Thema mehr. Alles, worum es heute noch geht, ist Transparenz«, erklärte er mir entschlossen.

»Das hab ich verstanden«, antwortete ich. »Aber wie kann es Anonymität geben, wenn alles transparent ist? Kann es sein, dass wir in unserem Programm was behaupten, das eigentlich unmöglich ist?«

Einen Moment lang herrschte Schweigen. Offensichtlich wurde diese Frage nicht so oft gestellt. Dann aber nahm sich eine junge rothaarige Piratin ein Herz und stauchte mich zusammen.

»Vielleicht schaust du einfach mal in unser Parteiprogramm. Da heißt es, dass ... jeder Bürger unabhängig von der Betroffenheit und ohne den Zwang zur Begründung das Recht hat, auf allen Ebenen der staatlichen Ordnung Einsicht in die

Aktenvorgänge und die den jeweiligen Stellen zur Verfügung stehenden Informationen zu nehmen.« Meine Verwirrung erreichte olympische Höhen. Nicht nur, weil sie eine Passage des Programms nahezu auswendig wusste, was sie davon befreite, eigene Gedanken zu formulieren, sondern weil ich nun noch weniger verstand, um was es hier ging.

»Eigentlich könnten wir den ganzen Sermon von wegen Anonymität streichen, oder?«, fragte ich vorsichtig in die Runde. Leider nicht vorsichtig genug, denn was nun folgte, war etwa mit der Kettenreaktion dieser kleinen Lady-Cracker zu vergleichen, die man zu Silvester zündet. Vier Piraten stürzten sich verbal auf mich, um mir zu beweisen, dass ich keine Ahnung von dem Thema hatte.

Das Problem war, wie ich nun erfuhr, viel zu komplex, als dass ein piratischer Frischling wie ich begreifen konnte, um was es dabei ging.

»Hinter der Forderung nach Transparenz steckt die Logik eines Verdachts, der hinter jedem Geheimnis ein weiteres Geheimnis vermutet. Deswegen gibt es keine vollkommene Transparenz«, bellte mir die Gedächtniskünstlerin entgegen.

»Du kannst nie sicher sein, alle Informationen zu erhalten«, rief ihre blonde Freundin.

Hörte ich da eine leichte Verzweiflung heraus? Meinte sie damit Alex Morlang, der sich bereits in den Club zurückgezogen hatte?

Einige Monate lang hatte er beispielsweise die Offenlegung seiner Nebeneinkünfte hinausgezögert und in seinem Blog geschrieben: »Momentan sortiere ich große Mengen Papierfoo, um hier korrekte Angaben zu machen ... Anfeindungen, Druck, Beleidigungen und anderes werden diesen Vorgang nicht beschleunigen.«

Die Folge war, dass die Gerüchteküche brodelte. Man vermutete, der Spross einer Hamburger Gärtnerfamilie verfüge über erhebliche Einkünfte, die er verheimliche, weil sie nicht ins Bild des mittellosen Piraten passten. Ein Jahr später konnte Morlang seine Parteifreunde zwar beruhigen, indem er in der Spalte Nebeneinkünfte eine »0« einsetzte. Als er dann aber noch ergänzte: »Nachdem es einige Rückfragen gab: Nein, ich werde meine Kundenliste nicht veröffentlichen…«, war das Misstrauen meiner Partei gegenüber Morlang mindestens so systematisch wie gegenüber Staat und Industrie. Ich hatte das ja schon in meiner Q-Damm-Crew erlebt, im Zusammenhang mit unserem Kapitän Markus. Einige Meinungsblockwarte schienen sich tatsächlich für die Rolle des Big Brother in Orwells Roman *1984* bewerben zu wollen und erst zufrieden zu sein, wenn alles offen, bekannt, diskutiert und diskriminiert war. Irgendwas war an der Idee, dass mehr Transparenz zu mehr Vertrauen führt, offensichtlich falsch. Wir diskutierten vor dem Kinski noch so lange weiter, bis ein kalter Nieselregen einsetzte und ich desillusioniert nach Hause fuhr.

Und nun? Ich lief ungeduldig in meinem Büro auf und ab, bis ich die rettende Idee hatte. Ich brauchte doch nur nachzusehen, was unser Bundesvorsitzender Bernd Schlömer als oberster Pirat zu dem Thema sagte. Wie ich erfuhr, hielt er die Vorstellung für naiv und gefährlich, immer und überall Öffentlichkeit herstellen zu wollen. Schlömer wusste wahrscheinlich, was passiert, wenn alle alles wissen wollen. Er hatte in diesem Zusammenhang schon einschlägige Erfahrungen gesammelt, vor allem, als eine Vorstandssitzung nicht öffentlich sein sollte, damit es keinen Shitstorm geben konnte, es dann aber prompt zu einem Shitstorm kam, weil Schlömer es gewagt hatte, keinen Shitstorm haben zu wollen. Und er wusste auch, dass eine gewisse seelisch-moralische Reife dazugehörte, jede, aber auch wirklich jede Information verarbeiten zu wollen, vor allem in einer Partei, die abweichende Meinungen gnadenlos verfolgte und Fehler nicht verzieh. Wie kaum ein anderer erlebte er am eigenen Leib, wie die per Netz allgegenwärtigen Parteimitglieder mit Argusaugen jeden Schritt des Vorstandes verfolgten, jede interne Äußerung auf die Goldwaage legten und wütend aus der Anonymität (!) heraus Transparenz forderten. Und wenn Schlömer dann auch noch verkündete, dass er die vollkommene Informations- und Verhaltenstransparenz für unrealistisch halte, brach – natürlich – der nächste Shitstorm über ihn herein.

Aber er stand mit seiner Meinung weitgehend allein. Wie er überhaupt ziemlich allein stand und eine tragische Figur abgab. In Joseph Campbells Aufzählung der Archetypen wäre er der »Gestaltwandler«. Durchaus ein Held, aber ein tragischer, der im falschen Moment am falschen Platz ist. Ich legte das Kapitel »Transparenz« beiseite und ließ mich von Schlömer zu einer weiteren Figur inspirieren. Eine, die in der Hierarchie weit oben und im Shitstorm-Dauerregen steht. Nur für den Fall, dass ich tatsächlich irgendwann ein Drehbuch schreiben sollte:

Der Leidensmann

Können sie ihn nicht wenigstens am Sonntag in Ruhe lassen? Er sieht auf das Display. Anonym. Seit er in den Vorstand gewählt wurde, klingelt das Handy. Zu jeder Tageszeit. Ununterbrochen. Am Anfang hat er gedacht, es sei defekt, hat sich telefonisch beschwert und es im T-Point umgetauscht. Aber es war vollkommen in Ordnung. Wenn etwas nicht in Ordnung war, dann waren es die Parteimitglieder. Also hat er alle Anrufe angenommen und stundenlang mit geifernden, verzweifelten, hyperaktiven Parteifreunden geredet. Ungefähr nach zwei Monaten war er so ausgebrannt, dass er in Tränen ausbrach, als die Bäckerin ihn fragte, ob er noch einen Wunsch habe. Und als sie ihn dann um drei Euro zehn für ein Brot bat, schrie er sie an, sie solle ihn in Ruhe lassen und rannte aus dem Laden hinaus in die nächste Apotheke, wo er eine Packung Baldrian kaufte. Anschließend erstand er bei eBay einen gebrauchten Anrufbeantworter, auf dem ein automatisierter Sprachdialog inklusive Warteschleife eingerichtet war, den er lediglich für seine Zwecke anpassen musste.

»Herzlich willkommen, hier spricht Rainer, dein persönlicher Ansprechpartner aus dem Parteivorstand. Damit ich dein Anliegen gezielter beantworten kann, wähle bitte eines der folgenden Themen. Drücke die entsprechende Taste oder nenne mir das Stichwort. Du befindest dich im Hauptmenü. Ich habe folgende Auswahl für dich: Möchtest du einen allgemeinen Shitstorm lostreten, drücke die ›Eins‹, möchtest du mich persönlich beschimpfen und beleidigen, drücke die ›Zwei‹, hältst du die Partei für einen Haufen von Vollpfosten und willst einfach nur mal deine Wut loswerden, drücke die ›Drei‹, möchtest du zwei Kisten Club-Mate bestellen, drücke die ›Vier‹, willst du mir deine sexuellen Präferenzen erklären, drücke die ›Fünf‹, willst du selbstgezüchtetes, Gen-freies Marihuana verkaufen, drücke die ›Sechs‹, ist dein Anruf inhaltlicher Natur und hast du eine geniale Idee für unser Parteiprogramm, drücke die ›Null‹, brauchst du einfach nur jemand, mit dem du kurz vor deinem Suizid reden kannst, gehe zurück zum Hauptmenü. Sind Sie von der Presse, legen Sie sofort wieder auf, weil ich keine Lust mehr habe, Ihre hinterhältigen und boshaften Fragen zu beantworten. Zur Sicherung der Servicequalität werden keine Gespräche mitgehört oder mitgeschnitten. Wenn du mir allerdings bei Gesprächsbeginn einen entsprechenden Hinweis gibst, leite ich deinen Anruf gerne direkt an Spiegel-Online, Welt oder Bild-Zeitung weiter.«

Natürlich mündete die Idee in ein fulminantes Desaster. Gefühlt jeder in der Partei rief ihn in den folgenden Tagen an, um ihm zu erklären, dass es wichtig sei, miteinander zu kommunizieren. Wenn er das nicht könne, solle er verdammt nochmal von seinem Amt zurücktreten. Ein Teil der Anrufer blieb freundlich, ein anderer schrie ihn an, der nächste bot ihm Unterstützung an, sobald der oder diejenige dies oder das erledigt hätte, der größte Teil beschimpfte ihn. Es war eine harte Zeit. Es ist sogar immer noch eine harte Zeit. Aber seit diesem Tag weiß er, dass seine romantischen und sentimentalen Vorstellungen von Politik in die Tonne gehören. Er ist gewissermaßen erwacht, aus dem Grab der Selbstopferung aufgestiegen. Schluss mit dem Leidensmann! Von jetzt an ist er der Auserwählte!

An diesem Sonntagmorgen besorgt er sich bei The Pirate Bay »kostenlose Privatkopien« von Machiavellis Der Fürst, Clausewitz' Vom Kriege und Honeckers Lebensbeichte. Während die Texte heruntergeladen werden, klingelt das Handy schon wieder. Er greift es und wirft es ohne zu zögern aus dem Fenster. Hinaus auf die Straße. Weg damit. Weg! Er setzt sich an den Küchentisch, wartet. Knetet die Hände, bis die Knöchel wie eine weiße Hügelkette hervortreten. Dann sieht er zum Fenster. Wieso hat er das Handy hinausgeworfen? Auf dem Display stand »Mutter«. Er hat es im letzten Moment, als das Handy seine Hand verließ, gesehen. Er schlüpft in Pantoffeln und rennt auf die Straße hinaus. Das Handy ist weg. Vermutlich hat es der Kerl von Spiegel-Online, der ihn seit Tagen belagert, gefunden und kopiert jetzt die SMS. Er nimmt die Zeitung aus dem Briefkasten. In der Bild steht: »Schreikrampf – Knuddeln – Polizeialarm, Klassentreffen der Freaks«. Genüsslich wird der Zoff in der Partei ausgewalzt. Als ob den Schreiberlingen dabei einer abgehen würde.

Zurück in der Küche nimmt er drei Baldrianpillen. Er weiß, er muss etwas tun. Die Basis produziert einen konstanten Strom aus Scheiße, und er darf es ausbaden. Dauernd fühlt sich jemand beleidigt, missachtet, zurückgesetzt. Dann rast auf Twitter wieder der transparente Hassexpress, den die Presse genüsslich als Düngematerial für immer neue Häme benutzt. Und wer darf es dann auslöffeln? Wer muss vor die Mikrophone treten? Wer muss erklären, dass das eben eine neue Art von Kommunikation darstellt, wo es doch eigentlich nichts als gequirlte Kinderkacke ist? Er hat sich deshalb entschlossen, keine Talkshow mehr zu besuchen, kein Interview mehr zu geben, sich keinem Streitgespräch mehr auszusetzen. Er sitzt da ja doch nur blöde herum, darf nichts sagen und schämt sich anschließend in Grund und Boden, wenn er sich die Aufzeichnungen ansieht. Dieses Grinsen, das Überlegenheit und Gelassenheit ausstrahlen soll, aber einfach nur unsicher und dämlich wirkt.

Aber beim nächsten Parteitag wird er andere Saiten aufziehen. Er wird die innerparteilichen Fraktionen gegeneinander ausspie-

len, wird den politischen Gegner beschimpfen, wird sich als kämpferischer Anführer präsentieren. Die Zeit der Spaßpiraten ist vorbei, von jetzt an wird knallharte Politik gemacht. Von jetzt an wird professionell intrigiert, gehetzt, gepöbelt, gemobbt, gelogen und betrogen. Von jetzt an werden die Chaoten, Nörgler, Shitstormer aus dem Weg geräumt. Wie es schon bei Machiavelli (ungefähr) heißt: »Wer sich zum Alleinherrscher erhebt und Brutus nicht tötet, oder wer eine Partei gründet und die Söhne des Brutus nicht hinrichten lässt, wird niemals siegen.« Von jetzt an wird Politik in Reinkultur betrieben. Das Telefon klingelt. Seine Mutter. Ob er seine Wäsche abholen und zum Mittagessen bleiben will. Er will. Machiavelli muss warten.

Eigentum ist Diebstahl!

Es war ein Sonntag, als ich mich endlich *den* Passagen im Piratenprogramm zuwandte, in denen die Künstler auf dem Altar der modernen Informationsgesellschaft geopfert wurden. »Wir sind der Überzeugung, dass die nichtkommerzielle Vervielfältigung und Nutzung von Werken als natürlich betrachtet werden sollte …«, lautete der Satz, der mich zu den Piraten und dem Plan, die Partei zu unterwandern, geführt hatte. Es fühlte sich an, als würde ich in die geheimen Angriffspläne schauen, mit denen die Piraten uns Autoren, Musiker, Filmemacher über die Klinge springen lassen wollten. Jetzt galt es, die richtige Strategie zu finden, sonst würde mein geheimes Unterfangen schon vor dem eigentlichen Showdown scheitern.

Doch das war nicht so einfach. Denn die Idee, das Urheberrecht abschaffen zu wollen, war der perfekte Marketingcoup gewesen, um den Piraten eine grell erleuchtete Bühne für ihren politischen Auftritt zu verschaffen. Netzgemeinde und Nerds hatten pünktlich ihren Störtebeker gefunden und scharten sich brav um die Partei. Endlich konnte es gegen die arroganten, geldgeilen und asozialen Musiker, Autoren, Filmemacher mitsamt ihren brutalen Inkassobanden GEMA und VG Wort gehen. Ein ordentlicher Shitstorm brach los, und weil es sich bei der Netzgemeinde um die berüchtigten internetaffinen Digital Natives handelte, schreckten die Künstler in ihrem Wolkenkuckucksheim auch gehörig auf. Sie verkündeten den sofortigen Untergang des kreativen Abendlandes, während die etablierten Parteien ihre Wählerfelle davonschwimmen sahen und sich auf das Thema Urheberrecht stürzten wie der betrogene Urlauber auf die Reiserücktrittsversicherung. Zwischenzeitlich hatte das Problem zwar ein wenig von der begleitenden Aufmerksamkeitshysterie verloren, war aber dennoch natürlich nicht gelöst.

Dabei waren die Fakten eindeutig. »Der wirtschaftliche Schaden, der auf Urheberrechtsverletzungen zurückzuführen ist, wird allein für Deutschland und das Jahr 2010 auf 524 Millionen Euro geschätzt. 2011 haben 17 Prozent aller Internetnutzer illegale Medieninhalte genutzt oder heruntergeladen. Knapp 24 Prozent des weltweiten Datenaufkommens (ohne Pornographie) im Internet gehen auf die Verbreitung von Raubkopien zurück«, hieß es in einer Untersuchung, die im Auftrag des Medienboard Berlin-Brandenburg erstellt worden war. Und selbst wenn man die Zahlen anzweifelte, demonstrierte der Reichtum des Megaupload-Gründers Kim Schmitz alias Kim Dotcom, dass man Millionär werden konnte, indem man einfach den Urhebern nichts für ihre Werke zahlte.

Doch wie schon beim Thema Transparenz war es auch hier nicht so einfach möglich, die Zahnpasta zurück in die Tube zu zwingen. Und das nicht nur, weil täglich millionenfach Raubkopien hergestellt wurden, sondern weil Konzerne wie Google, Facebook und Co. Milliarden daran verdienten, wenn Inhalte frei im Netz verfügbar waren. »Frei« meinte in diesem Fall natürlich: frei von den Ansprüchen der Urheber. Aber das wussten meine Piraten gekonnt auszublenden. Wie wir überhaupt eine etwas schizophrene Haltung zu dem Thema offenbarten. Da war die bereits erwähnte Julia Schramm, ehemalige Beisitzerin des Bundesvorstands der Piratenpartei, die angesichts der Frage, warum sie ihr Buch vom Knaus Verlag, einem Angehörigen der sogenannten Content-Mafia, vermarkten lasse, mit Piraten-typischem Übermut auf die finanzielle Unabhängigkeit verwies, die wiederum ihrer Parteiarbeit zugutekomme.

Oder Udo Vetter, der als Piratenanwalt für den Bundestag kandidierte und meinte, dass Urheber nicht (mehr) systemrelevant seien, gleichzeitig aber seinen »law-blog« beim Deutschen Patent- und Markenamt als Wortmarke eintragen lassen wollte. Und damit war die Scheinheiligkeit in der Piratengemeinde bei weitem noch nicht erschöpft. Denn der innen- und kulturpolitische Sprecher der Berliner Piraten, Christopher Lauer, leitete die Forderungen seiner Partei aus den »Naturgesetzen« des Internets ab. Von da an war Diebstahl gleichbedeutend mit dem Gravitationsgesetz. Allerdings hatte Lauer laut Wikipedia selbst zu bedenken gegeben, dass er unter einer Aufmerksamkeitsdefizit-Hyperaktivitätsstörung leide und erst dank der Einnahme von Medikamenten verstehen könne, dass andere Menschen die Welt anders sehen würden. Diese überraschende Pointe wäre mit Sicherheit selbst nur wenigen Drehbuch-Autoren eingefallen.

Jenseits dieser Beispiele intellektuellen Leichtsinns war die piratische Diskussion um Reform oder Abschaffung des Urheberrechts noch um ein Vielfaches heuchlerischer, als die hier zitierten Beispiele ahnen lassen. Ich wühlte mich durch die schier endlose Argumentationskette des Parteiprogramms bzw. auf der Seite der Piraten-AG Urheberrecht und fand doch nur die Begründungsversuche vor, die schon seit Monaten ins Feld geschickt wurden. In ihrer Scheinwissenschaftlichkeit waren sie durchaus beeindruckend, doch sobald sie mit der Realität konfrontiert wurden, fielen sie in sich zusammen. Die zahllosen Diskussionsveranstaltungen mit Künstlern waren daher häufig nach dem Muster These-Antithese-Beleidigung abgelaufen. Zwei Parteien saßen sich gegenüber, die eine, die piratische, mit der breitbeinigen Überheblichkeit des erwählten Missionars ausgestattet, die andere, die der Autoren, vom Beißreflex der in die Enge gedrängten Kreatur angetrieben. Beide waren aufs Äußerste besorgt. Entweder um die Zukunft der Kunst oder um die des Netzes. Einig waren sie sich nur, wenn es um das nahe Ende der Welt ging, das unweigerlich eintreten müsse, wenn die jeweilige Position nicht gehört und berücksichtigt werde. Der typische Argumente-Krieg mit den immer gleichen Argumenten sah daher in etwa so aus:

Autor: »Wenn 60 Prozent des Downloads von Büchern illegal stattfindet, das heißt, ohne dass Autoren dafür bezahlt werden, ist das Diebstahl.«

Pirat: »Das kann kein Diebstahl sein, weil es kein geistiges Eigentum gibt.«

An dieser Stelle ist der Vertreter der Autoren erstmals verwirrt, weil er nicht mit einer philosophischen Diskussion gerechnet hat.

Autor: »Was ist das denn für ein Blödsinn?«

Pirat: »Alles, was ihr sogenannten Künstler schreibt, komponiert, filmt, baut auf Informationen auf, die gesellschaftliches Allgemeingut sind. Also ist auch der Autor schon ein Dieb.«

Die Bezeichnung »sogenannte Künstler« führt beim Autor zu weiterer Irritation und einer gefährlichen Erhöhung des Blutdrucks. Doch noch kann er sich zurückhalten.

Autor: »Ist ja interessant. Nach dieser Theorie gibt es also überhaupt kein Eigentum, weil etwas nicht aus nichts geschaffen werden kann. Sind wir jetzt auf dem Weg in die kommunistische Gesellschaft?«

Der Pirat zögert. Auch wenn er das Eigentum am liebsten kommunistisch sehen möchte, weil das die kostengünstige Variante des Konsums darstellt, muss er sich schon aus parteipolitischen Gründen vom Kommunismus distanzieren. Also wechselt er eilig zu sozialromantischen Argumenten.

Pirat: »Der uralte Traum, alles Wissen und alle Kultur der Menschheit zusammenzutragen, ist durch die rasante technische Entwicklung der vergangenen Jahrzehnte in greifbare Nähe gerückt. Das Urheberrecht steht aber der angestrebten Wissens- und Informationsgesellschaft entgegen.«

Autor: »Ich kann nicht sehen, inwiefern das Urheberrecht die Wissensgesellschaft jemals behindert hat. Niemand denkt heute noch, die Erde sei eine Scheibe oder dass es das Paradies gibt. Außer vielleicht die Piraten. Jeder kann doch jederzeit über jede Information verfügen.«

Der Pirat steht hier zum ersten Mal auf und droht, die Diskussion zu verlassen.

Pirat: »Also, wenn es darum geht, die Piraten zu beleidigen ...«

Autor: »Aber Künstler dürfen als ›sogenannte Künstler‹ beleidigt werden?!«

Der Pirat setzt sich wieder, weil es nicht so aussehen soll, als wäre er vor Argumenten geflohen.

Pirat: »Wir wollen die Bedingungen verändern, damit Wissen noch besser verteilt werden kann und jeder an der Weiterentwicklung der Gesellschaft mitarbeiten darf.«

Autor: »Das glaubst du doch selbst nicht! Ihr redet immer von Wissen, dabei geht es doch eigentlich darum, das Klauen von Musik, Büchern und Filmen irgendwie zu rechtfertigen.«

Pirat: »Es ist kein Klauen, weil nichts weggenommen wird. Eine Datei, die ich kopiere, ist nämlich immer noch da. Im Gegensatz zu einer CD, die ich im Laden mitgehen lasse.«

Existenzängste brechen auf. Der Autor kann kaum noch an sich halten und schlägt mit der flachen Hand auf den Tisch.

Autor: »Es wird sehr wohl was weggenommen, nämlich die Möglichkeit, Geld zu verdienen.«

Mit diesem ehrlichen Wortbeitrag ist nun die finale Phase der Diskussion erreicht. Die schöngeistigen Argumente haben nicht gezündet, und es geht endlich um Fakten.

Pirat: »Aber daran wirst du nichts ändern, weil du nicht

verhindern kannst, dass Sachen im Netz vorhanden sind. Filesharing ist nicht mehr aufzuhalten.«

Autor: »Das ist doch Schwachsinn. Oder meinst du im Ernst, dass man auch Autodiebstahl, Vergewaltigung und Mord dulden muss, weil man ohnehin nichts dagegen machen kann?«

Pirat: »Das ist ja wohl was anderes.«

Warum das »was anderes« ist, vergisst der Autor zu fragen.

Autor: »Man könnte all die Megauploads, Kinox.to und Pirate Bay abschalten.«

Pirat: »Dann lad ich mir das Zeug eben woanders runter. Du kannst das nicht mehr stoppen. Deswegen fordern wir das Recht auf Privatkopie.«

Autor: »Wenn es das Recht auf kostenlose Privatkopien gibt, wer kauft dann noch irgendwas?«

Pirat: »Es müssen eben andere Formen der Finanzierung gefunden werden.«

Autor: »Und bis die gefunden sind, spielen die Künstler eben Lotto?«

Pirat: »Das könnt ihr machen, wie ihr wollt. Aber vielleicht kümmert ihr euch um so was wie Flatrates oder Crowdfunding ...«

Der Blutdruck des Autoren-Vertreters hat mittlerweile lebensbedrohliche Regionen um die 200 mmHg (Millimeter in der Quecksilbersäule) erreicht.

Die Positionen sind Lichtjahre voneinander entfernt, und die Abgründe, die der Autor sieht, sind tief wie der St.-Andreas-Graben. Er kennt Flatrates. Eine davon nennt sich Rundfunkbeitrag und wird vom öffentlich-rechtlichen Fernsehen erhoben. Auch bekannt als die bürokratische Hydra ARD und ZDF, die ihre steuergleichen Einnahmen in den Pensionskassen versenkt und sich mehr und mehr zu Tode verwaltet. Nebenbei werden Produzenten, Autoren, Regisseure und Schauspieler qua Honorar domestiziert. Das soll die Zukunft sein? Das ist es, was die Piraten anbieten? Der Autor springt auf, wütend, laut, leidenschaftlich.

Autor: »Musik, Literatur, Film haben keine Zukunft, wenn jeder seine kostenlose Privatkopie runterladen kann.«

Der Pirat befindet sich durch die Erregung, die den Autor befallen hat, in einer überlegenen Position. Er bleibt ruhig und provoziert durch rhetorische Fragen.

»Wieso nicht?«

»Weil ein Autor einfach keine Überlebenschancen hat, wenn sein Buch floppt und die monatelange Arbeit nicht bezahlt wird. Verlage, Filmproduzenten, Musiklabels können durch eine Mischkalkulation Verluste auffangen, können Bücher herstellen, die keine Mainstream-Superbestseller sind. Für Autoren, Musiker, Filmemacher ist das unmöglich.«

Ein gutes Argument. So gut, dass auch der Pirat verstummt und fieberhaft überlegt, was er darauf erwidern soll. Während der nervösen Pause, die nun entsteht, spürt andrerseits der Autor, dass die Piraten nicht ganz falsch liegen. Das Netz schafft tatsächlich Bedingungen, die an Raubritterverhältnisse erinnern, und die Piraten sind eigentlich nur die willfährigen Boten einer Entwicklung, die unaufhaltsam an der Künstlerexistenz sägt. Die wahren Feinde, das weiß der Autor, sind andere. Also packt er *das* finale Argument aus, das geeignet ist, Diskussionen dieser Art sofort zu beenden.

Autor: »Im Grunde seid ihr Piraten doch nur die Erfüllungsgehilfen von Google. Vielleicht sollten wir lieber mit denen diskutieren!«

Der Pirat stellt fest, was der Autor schon lange weiß, nämlich dass es sinnlos ist, miteinander zu diskutieren, und verlässt die Veranstaltung.

Ich mied damals Diskussionsveranstaltungen dieser Art, weil ich einerseits vor den Piraten mich und meinen Auftrag nicht verraten durfte und andrerseits vor den Autoren nicht als Verräter dastehen wollte. Am Ende ging es aber immer um die zentrale Frage, welche Gesellschaft wir kulturell und politisch anstreben: eine, in der die Piraten den Staat beauftragen, den Autor, Musiker, Filmemacher per Kulturflatrate zu alimentieren und damit zu kontrollieren, oder eine vielgestaltige, marktwirtschaftlich geprägte, die den Künstler seinem Publikum aussetzt? Auf alle Fälle wurde auch in diesem Kontext wieder deutlich, dass Piraten zwar ein Thema populär machen konnten, aber kurz darauf ob seiner Komplexität sofort wieder im Argumentationsstrudel ertranken.

Lektion 9: USP (unique selling proposition)

Zweifellos ist jedes Parteiprogramm eine Momentaufnahme, unterliegt Irrtümern und muss immer wieder neuen Erkenntnissen oder Machtverhältnissen in der Partei angepasst werden. Von daher ist es sinnvoll, die Thesen weniger als Gesetz, sondern mehr als flexible Handlungsanleitung zu verstehen. Sollte sich also bei der Niederschrift herausstellen, dass ein zentraler Aspekt der Ideologie, gewissermaßen die USP (*unique selling proposition*), *auf Deutsch: das »Alleinstellungsmerkmal«, sich als zu kompliziert oder sogar nicht praktikabel erweist, so brauchst du nicht zu verzweifeln. Im Gegenteil, du solltest die Widersprüchlichkeit als neues Alleinstellungsmerkmal verkünden. Trotzdem ist es notwendig, moralische Kategorien wie Wahrheit, Ehrlichkeit, Glaubwürdigkeit zu propagieren sowie die Abneigung gegen Lügen, Betrug, Verfolgung zu behaupten. Egal, ob der Katholik uneheliche Kinder zeugt, der Sozialist Porsche fährt, der Pirat lügt – die Unvollkommenheit des Programms, ja sein Widerspruch zum gelebten Verhalten der Parteimitglieder, muss stets als Lebendigkeit und Aufrichtigkeit verkauft werden.*

Die Lösung liegt in der Kreativität

Ich konnte mir also auch das Thema Urheberrecht nicht auf die Fahnen schreiben, um in meiner Partei die Aufmerksamkeit zu erreichen, die einen gemeinen Piraten für höhere Aufgaben prädestiniert. Die Frage war aber trotzdem, wie ich meine Partei von ihren gefährlichen Ideen zum Urheberrecht mitsamt planmäßiger Verelendung der Künstler abbringen konnte. Erschwerend kam hinzu, dass ich durch die Beschäftigung mit dem Thema an keine Instant-Lösung mehr glauben konnte. Je länger ich mich mit der Sache beschäftigte, umso komplexer entpuppte sie sich. Vermutlich, dachte ich, gibt es auch hier kein politisches oder wirtschaftliches Gottesteilchen, das in der Lage ist, das Problem für alle Zeiten zu lösen.

Spätnachts saß ich dennoch unverdrossen vor meinem Computer, um die letzten Argumente für einen Angriff auf die Privatkopie-Fetischisten in meiner Partei zusammenzukratzen. Ich wollte mir selbst und anschließend der Öffentlichkeit aufzeigen, in welch prekärer Situation wir Künstler uns inzwischen befanden. »Opfer der Piratenpolitik« sollte als Überschrift herhalten. Doch je länger ich recherchierte und nachdachte, umso mehr wurde mir klar, dass wir den Kampf verlieren würden, wenn wir uns als Opfer betrachteten. Die Situation erinnerte mich an die Phase, in der der Stummfilm vom Tonfilm abgelöst wurde. Damals, in den zwanziger Jahren, gab es Produzenten, Regisseure und Schauspieler, die sich weigerten, die neue Kunstform zu akzeptieren, ja die sogar ein Verbot forderten. Wie die Sache ausging, wissen wir. Sollte uns etwa das gleiche Schicksal drohen? Mussten wir daher nicht Mittel und Wege finden, wie wir kreativ und erfindungsreich die missliche Lage überwinden könnten? Fragen wie Schöpfungshöhe und Zitatrecht klären? Bestimmt.

Dennoch galt es nach wie vor, die Piratenposition zu attackieren. Zwar hatte niemand den Künstlern versprochen, dass sich niemals was ändern würde. Aber das hieß nicht, dass wir unsere Kreativität auf dem Altar einer neuen Technologie opfern und verschenken sollten. Denn unübersehbar waren neben der hehren Politik auch gemeine Profitinteressen im Spiel, wenn von den technischen Bedingungen der neuen digitalen Zukunft gesprochen wurde. Und dann war eben nicht mehr alles revolutionär, demokratisch und frei. Vor allem nicht, weil große Konzerne wie Google, Facebook und Amazon die Finger im Spiel hatten und haben und mit Millionen Euro Lobby-Arbeit machen. Vielleicht sogar meine Partei finanziell unterstützen, ohne dass es nach außen bekannt wird.

Am Ende meiner Programm-Klausur hatte ich zwei Wochen damit verbracht, neben meiner täglichen Arbeit auf dem Medien-Strich, wie die Drehbucharbeit von Autoren gern genannt wird, das piratische Parteiprogramm zu durchforsten. Dabei hatte sich eine gewisse Ermattung eingestellt, die durch die Gefühlsregungen Frustration und Desillusionierung ergänzt wurde. Die Piraten hatten ja nicht nur zu den vier hier erwähnten Themen wunderliche Thesen entwickelt, es ging im selben Stil weiter.

In Sachen Außen- und Sicherheitspolitik hieß es, dass es keine globale Politik geben könne, solange es gewaltige Unterschiede im Leben der armen und reichen Nationen gebe. Was sollte das heißen? Musste Somalia so wie Norwegen werden? Oder Norwegen so wie Somalia, damit globale Politik möglich war? Auch die Feststellung: »Wir denken darüber nach, was Freiheit, Demokratie und Transparenz in unser außenpolitisches Programm übersetzen kann«, war an geistigem Unterdruck nicht zu überbieten. Ebenso die Behauptung, dass es Frieden gebe, sobald jeder genug zu essen habe. Oder dass mit dem Primat der Märkte gebrochen werden müsse. Oder dass eine Partei alle daran erinnern sollte, dass eine Gesellschaft nichts ohne deren Menschen sei. Weshalb der bayerische Pirat Aleks Lessmann in seiner Rede bei der Potsdamer Konferenz zur Außen- und Sicherheitspolitik zwar beinahe verzweifelte, weil die Welt sich so feindlich gerierte, aber gleichzeitig Trost parat hatte, denn: »Jeder von uns weiß, dass Probleme viel einfacher zu lösen sind, wenn man sie gemeinsam anpackt.«

Das war nun wirklich ziemlich naiv. Und trotzdem applaudierten die Zuhörer im »Treffpunkt Freizeit«, einer Potsdamer Kinder- und Jugendeinrichtung, die den passenden Rahmen für das Piraten-Eiapopeia abgab. Die bunte Versammlung von Berliner und Brandenburger Piraten freute sich, als wären sie vom Messias höchstpersönlich erweckt worden. Ich war nach einer Stunde ebenfalls erweckt. Jedoch anders als meine Piratenfreunde. Und ich hatte wieder ein Stück Erfahrung gesammelt, um für den Fall der Gründung einer eigenen Partei gewappnet zu sein.

Lektion 10: Der Ton der Betroffenheit

Weitere Regeln, die du bei Niederschrift deines Parteiprogramms beachten solltest, lauten: Das Image der Partei, des Führungszirkels und der Mitglieder muss unter allen Umständen rebellisch sein, und dies muss sich so auch im Programm widerspiegeln. Die etablierten Parteien nennst du am besten »müde« oder »korrupt« oder »spießig«, wahlweise auch alles drei. Unabdingbar ist, dass du und die Mitglieder deiner Partei von der stärksten und vielleicht gefährlichsten aller revolutionären Leidenschaften angetrieben sind, der Leidenschaft des Mitleidens. Von daher muss auf jeder Seite deines Programms der Ton der Betroffenheit subtil mitschwingen, vor allem, wenn es um die Armen, Ausgebeuteten, Verfolgten oder Opfer allgemein geht. Hilfreich ist hierbei ein besonderes Vokabular, das die einzigartige Politik der Partei beschreibt. Als erfolgreich erwiesen haben sich hierbei die Begriffe Gerechtigkeit, Selbstbestimmung, Mindestlohn, Armut, Reichtum, Ausbeutung und Individuum.

Abschließend muss hervorgehoben werden, dass die Partei keine fertigen Lösungen bieten, sondern alle Menschen an der Lösung der Probleme beteiligen sollte. Unklare Antworten sind förderlich. Noch förderlicher sind Wortgirlanden, die das Herz der Wähler erwärmen, auch wenn es sich um vielseitig verwendbare Formeln handelt: a) Freiheit, Gleichheit, Menschlichkeit, b) Demokratie, Transparenz, Teilhabe, c) Gerechtigkeit, Wohlstand, Mitbestimmung.

SCHWERE SEE

Oder wie eine Partei ins Trudeln gerät

Verteidigung ist der beste Angriff

Nachdem ich der intellektuellen Dürre des Piratenprogramms einigermaßen heil entronnen war, wusste ich nicht mehr, was meine Partei eigentlich wollte und wo ich mich politisch positionieren sollte. Musste ich für mehr Staat oder weniger eintreten? Sollte ich mehr Fürsorge oder mehr Eigenverantwortung fordern? Sollte ich eher an Charles Darwin oder Karl Marx glauben? War ich als Pirat nun links oder liberal oder linksliberal oder sozialliberal oder konservativ oder antifaschistisch? Oder war ich einfach alles zusammen – und somit piratisch?

Mein Trost war, dass diese Fragen in der Realpolitik und in Zeiten einer schweren Finanzkrise letztlich keine Rolle spielten, aber ich wollte dennoch wissen, was ich als Pirat privat denken und anschließend öffentlich sagen sollte. Jede gute Geschichte, sagte ich mir, lebt von Figuren, die klare Konturen, Ziele und Meinungen haben. Und da mein Weg in der Piratenpartei ja auch eine Art »Geschichte« war und ich eine »Figur« darin, musste ich mir Klarheit verschaffen. Doch wen auch immer ich zum Markenkern meiner Partei befragte, er oder sie hatte stets eine andere und meistens dem Bisherigen widersprechende Antwort parat. Die konservativen Kollegen vom Frankfurter Kollegium (eine liberale Splittergruppe innerhalb der Piratenpartei) wollten einen Staat, der lediglich grundsätzliche Rahmenbedingungen schaffen sollte, damit freie Bürger frei arbeiten konnten. Und die eher linken Verkünder des bedingungslosen Grundeinkommens träumten von einem Versorgungsstaat, der seine Bürger mit genügend Taschengeld ausstatten sollte, damit sie über ausreichend Zeit zum Spielen verfügten.

Zumindest aber hatte sich meine Sorge, die Piraten könnten das Urheberrecht abschaffen oder in einer Weise reformieren, die einer Kastration gleichkam, etwas abgeschwächt. Wenigstens in den Niederungen der täglichen Landespolitik war der Angriff auf mich und andere Kreative vorerst kein Thema mehr. Es war ja auch zu offensichtlich, dass hier zum einen nur die eigene Klientel zufriedengestellt werden sollte und es zum anderen keine gute Idee darstellte, sich mit all denen anzulegen, die die mediale Welt beherrschten. Und wenn doch ein Pirat immer noch nicht vom Urheberrecht ablassen konnte, dann äußerte er sich so wie der Berliner Christopher Lauer, dessen Ideen eines neuen Urheberrechts so harmlos waren, dass sich bei uns Autoren schon eine gewisse Entspannung abzeichnete. Freilich nicht beim gemeinen Piratenvolk. Dort war die Empörung beträchtlich, weil Lauer a) die Basis nicht gefragt und b) wesentliche Positionen aufgegeben hatte.

Aber die Basis saß ja auch nicht in irgendeinem Parlament und hatte folglich keine Ahnung, wie es ist, wenn Träume mit der hundsgemeinen Wirklichkeit, in dem Fall der eines Parlamentes, konfrontiert werden. Landauf, landab hatten die Piraten feststellen müssen, dass in den Landtagen von Nordrhein-Westfalen, des Saarlandes, von Schleswig-Holstein und Berlin die »Erwachsenen« aus den anderen Parteien ein anderes Spiel spielten. Christopher Lauer hatte in einem Tweet einen Satz aus dem Film *Die Unbestechlichen* zitiert: »Kommt mit einem Messer zu einer Schießerei.« Und das brachte das Problem auf den Punkt. Die Piraten hatten, durchaus berechtigt, romantische Ideen an Bord, doch leider mussten sie feststellen, dass in den politischen Häfen Romantik schon lange abgeschafft worden war. Das war für viele erschreckend und ernüchternd und führte zu manch resigniertem Rückzug. Im Grunde war es aber nur ein Vorgang, den die meisten von uns bereits im Kindesalter unter dem Stichwort »Desillusionierung« kennengelernt hatten. Dieser schmerzhafte Moment, wenn man feststellte, dass Papa unter seiner Strickjacke kein

Supermann-Kostüm trug und Mama nicht geheiratet werden konnte.

Ich hatte meine Lektion am 27. Februar 1963 erhalten. Das Datum weiß ich noch so genau, weil es ein Aschermittwoch war. Ich hatte zu Fasching ein Ganzkörper-Winnetou-Kostüm bekommen, war am Rosenmontag und Faschingsdienstag in der Schule ordentlich bewundert worden und hatte in der Nacht auf Mittwoch geträumt, ich könnte fliegen. Wieso ausgerechnet Winnetou, der Häuptling der Apachen und Besitzer des Pferdes Iltschi, fliegen können sollte, weiß ich nicht mehr. Mit Sicherheit liegt die Antwort in der phantastischen Logik der Träume – oder auch einer psychoanalytisch leicht zu deutenden präpubertären Sex-Phantasie. Als ich dann am Morgen des Aschermittwochs aufwachte und meine Mutter mir verbot, weiterhin als Winnetou in die Schule zu gehen, war die Enttäuschung groß. Wieso durfte ich nicht mehr der Held meiner Träume sein? Ich rannte enttäuscht aus der Wohnung und wollte dem strengen Regiment meiner Mutter entgehen, indem ich das Treppenhaus hinunter und zur Haustür hinaus in die Freiheit flog. Es sollte genauso sein wie im Traum. Und ein wenig war es auch so wie im Traum. Ich flog tatsächlich das Treppenhaus hinunter. Allerdings nur bis zum nächsten Treppenabsatz, wo ich mir den Arm brach ...

Die meisten Piraten nun hatten offensichtlich nie zu Fasching ein Winnetou-Kostüm erhalten, weshalb ihnen die frühkindliche Desillusionierung ihrer Träume verwehrt geblieben war. Sie wollten sich weiterhin in einer träumerischen Scheinwelt tummeln und wurden herbe enttäuscht. Überall lagen Fallstricke herum, lauerten Gegner innerhalb und außerhalb der eigenen Partei, um die unerfahrenen Piraten zu blamieren. Und als müsste den politischen Leichtmatrosen – didaktisch klug – demonstriert werden, dass es sich bei der Mahnung vor den sieben Todsünden um keine bösartige Erfindung handelte, waren sie von Neid, Ignoranz, Selbstsucht, Rachsucht, Eitelkeit und Habgier umgeben.

Für eine Partei, die an die Fleischtöpfe der Macht wollte, klang das alles äußerst bedrohlich. Aber für mich hatte es auch einen enormen Vorteil. Mein eigener Dilettantismus fiel in diesem politischen Hobbykeller nicht im Geringsten auf, im Gegenteil. Die bisherige Erfahrung hatte mir gezeigt, dass jeder, der bei den Piraten zu sehr wie ein Profi auftrat, sofort die geballte Skepsis der Autoritätsallergiker zu spüren bekam. Das bedeutete, dass ich meinen Weg in den inneren Zirkel der Partei fortsetzen konnte, ohne nennenswert Gefahr zu laufen, mich zu blamieren. Und wenn es doch mal blamabel werden sollte, würden mir die Piraten das sicherlich als Zeichen von Authentizität auslegen. Frei nach dem Motto: »Wer zu viel weiß, ist schon verdächtig«, liebte die Partei das Stümperhafte, Ungenaue und Laienhafte und dokumentierte das in nahezu jeder Talkshow und jedem Interview. Dennoch gab es auch Fettnäpfchen, die – wie bei meinem Informanten Hartmut »Hase« Semken – zu einem raschen Ende der Parteikarriere führen konnten. Um denen zu entgehen, wollte ich mich genauer mit den schmerzhaften Erfahrungen der Parlamentspiraten beschäftigen. Und was ich da zu hören, sehen und lesen bekam, übertraf meine kühnsten Erwartungen in Bezug auf großartiges Schmierentheater.

Lektion 11: Wie man innerparteiliche Konkurrenten loswird

Sobald das Parteiprogramm erstellt ist, muss dein nächster Schritt als Parteigründer darin bestehen, die ehrgeizigsten Mitglieder in die politischen Arenen zu schicken. Dort haben die dann ausreichend Gelegenheit, ihre Träume von einer besseren, gerechteren, friedlicheren, freieren, schöneren, gleicheren, sorgloseren, freundlicheren, sozialeren, gemütlicheren, solidarischeren, liebevolleren Welt an der banalen Realität der menschlichen Schlechtigkeit zerschellen zu lassen. Auf diese Weise kannst du auch die innerparteilichen Konkurrenten elegant loswerden, da einige irgendwann resignieren, wenn sie merken, dass Wirklichkeit und Paradies zwei verschiedenen Bewusstseinszuständen entspringen. Andere werden aufgrund ihrer Unerfahrenheit, Triebhaftigkeit oder verbalen Unbeherrschtheit Fehler machen und sich fortan wegducken. Die ganz schweren Fälle werden sich sowieso politisch ruinieren. Sollte diese Entwicklung nicht automatisch durch Presse und politische Gegner eingeleitet werden, hilft dir auch die eine oder andere Indiskretion.

Mediale Skandale

Während der gemeine Pirat (also auch ich) alltäglich auf Twitter über seine Befindlichkeit inklusive geistige und körperliche Ausflüsse ungestraft berichten konnte, musste der auserwählte Pirat im Abgeordnetenhaus oder Parlament damit rechnen, dass die politischen Gegner aus verbalen Ausrutschern Dramen von staatszersetzendem Ausmaß machten. Von dieser Erfahrung aufgeschreckt, konnte ich beobachten, wie die Abgeordneten der Piraten zu Anfang ihrer parlamentarischen Karriere die Schockstarre als angemessene Schutzhaltung wählten und darauf warteten, dass entweder ihre politischen Gegner Mitleid mit ihnen bekämen oder sie aus einem bösen Traum erwachen würden. Beides trat nicht ein. Wie so oft war auch hier die Vorstellung, die man von einer Sache, einem Menschen, einer Organisation oder einem Ort hat, sehr verschieden von der Wirklichkeit.

Also mussten meine Piraten innerhalb weniger Wochen lernen, wie man sich den organisatorischen und juristischen Gepflogenheiten des Parlaments anpasst, dass man also ungestraft nicht mehr einfach so einen Rant (engl.: Wutrede, Tirade; piratisch für »abkotzen«) abschicken konnte, auf Twitter jemanden, dessen Meinung man für Scheiße hielt, beleidigen durfte und auf Mailinglisten endlos seine Meinung auswalzen sollte. Stattdessen hatten sie zu lernen, wie Anträge gestellt werden, was der Ältestenrat ist, wie man eine

Fraktion organisiert und was Ausschüsse sind. Aber wollten sie das? Wirklich?

Von der Besuchertribüne des Berliner Parlaments aus konnte ich mehr als einmal beobachten, wie meine abgeordneten Piraten Mimikry als angemessene Selbstschutzstrategie wählten. Zwar wollten die beiden Paradiesvögel Gerwald Claus-Brunner (Latzhose) und Simon Kowalewski (Regenbogenfrisur) auch im Abgeordnetenhaus nicht von ihren modischen Extravaganzen lassen, aber damit war der sichtbare Teil des piratischen Protestes auch schon zu Ende. Ansonsten benahm sich die Piratenfraktion so, wie die anderen Fraktionen es vormachten: Man lümmelt auf den Sesseln herum, unterhält sich mit den Fraktionskollegen, lacht und demonstriert fortgeschrittenes Desinteresse, während der politische Gegner vom Podium aus nahe an einer Rüge vorbeischimpft. Erst wenn einer aus dem eigenen Lager ans Mikrophon tritt, wacht man auf und unterstützt den Redner durch Beifall und Schmähung des Gegners. Ach ja, eine Besonderheit gab es doch. Unsere fünfzehn Piraten verschanzten sich hinter ihren Laptops und starrten auf die Bildschirme, als würden dort die Zehn Gebote zur Lösung aller Probleme verkündet. Was schauten sie sich so konzentriert an, fragte ich mich? Die Anträge der anderen Parteien? Berichte von Untersuchungsausschüssen? Oder surften sie auf Facebook und lasen auf Twitter den neuesten Piraten-Klatsch und -Tratsch?

Vielleicht war das aber auch genau die richtige Schutzhaltung, um den zahlreichen Fettnäpfchen zu entgehen, die überall im parlamentarischen Betrieb bereitstanden. Denn sobald jemand hineintrat, fand dies aufgrund des innerparteilichen Transparenz-Diktats garantiert und sofort den Weg in die Öffentlichkeit. Egal, ob eine Berliner Abgeordnete zuerst einen Freund hatte und ihn dann als persönlichen Mitarbeiter einstellte oder ob einer ihrer Fraktionskollegen zuerst eine persönliche Mitarbeiterin einstellte und sie dann zu seiner Freundin machte, die Piraten bemerkten, dass sich die Öffentlichkeit an jedem Fehltritt, auch wenn er moralisch harmlos war, enorm ergötzte. Als dann auch noch Simon Weiß auf einem Foto weißes Pulver schnüffelte, um irgendetwas zu persiflieren, was aber niemand verstand, und Gerwald Claus-Brunner angesichts der Diskussion über eine Frauenquote einen »Tittenbonus« witterte und twitterte, jubelte die Presse geradezu auf. Meine Piraten hielten das, was man sich von ihnen versprochen hatte: die Lieferung von kleinen und großen Skandalen!

Und selbst wenn den medialen Skandaldetektoren zufällig eine Peinlichkeit entgangen war, konnte sich die Öffentlichkeit auf die parteiinterne Erregungsmaschine verlassen. Mit Sicherheit gab es in der großen Piratenmannschaft jemanden, der sich auf den Schlips getreten respektive ans Holzbein gepinkelt fühlte.

Ein Beispiel: Die Berliner Piraten-Geschäftsführerin Daniela Scherler bot »Eso-Seminare« zur Heilung von negativen Bewusstseinszuständen an, bei denen Kranke angeblich erfuhren, dass sie irgendwie selbst an ihren Krankheiten schuld seien, wie sie in ihrem Buch erläuterte. Ihr Parteikollege Richard Joos konnte prompt angesichts dieser Absurdität nicht mehr an sich halten. Er klassifizierte Scherlers Thesen in seinem Blog als Müll und Gequatsche und nannte sie eine »Virenleugnerin«. Daniela Scherler fiel daraufhin aus allen Wolken, versuchte zu erklären, musste sich aber von Joos mit seinem geballten Wissen über die krude »Germanische Neue Medizin« von Ryke Geerd Hamer erschlagen lassen. Anschließend wurde die gute alte Inquisition reanimiert und Scherler mit einer Liste von Fragen zu ihrer Weltanschauung, geistigen Gesundheit und Parteilinientreue konfrontiert. Diese hatte sie bitte in angemessener piratischer Weise zu beantworten, sonst drohte durch Joos der ebenfalls piratische Liebesentzug: »Esospinner werden aus den Kommentaren getreten. You've been warned«, hieß es in seinem Blog.

Da ich Hamer nicht kannte, befragte ich Wikipedia. Dabei

erfuhr ich, dass er wegen fortgesetzten illegalen Praktizierens und Betrugs mehrfach in Deutschland und Frankreich in Haft gewesen war. Verwirrt und gelangweilt zugleich wollte ich von meinem Mitpiraten Franz wissen, wer denn nun Recht habe, Scherler oder Joos.

»Joos, natürlich. Die Scherler spinnt einfach.«

»Wieso?«

»Weil sie Blödsinn quatscht.«

»Woher weißt du das? Hast du ihr Buch gelesen?«

»Muss ich nicht. Wenn Richard (Joos) sie scheiße findet, reicht mir das.«

»Du vertraust Joos also blind?«

»Muss ich ja. Ich kann mich schließlich nicht über alles informieren.«

Aha. Da hatten wir's. Bei den Piraten und auf Liquid Feedback sollte und konnte jeder mitreden. Da aber niemand über alles informiert sein konnte, musste anhand von persönlicher Sympathie und gefühlter Kompetenz geurteilt, entschieden und abgestimmt werden.

»Aber so wie Joos sich aufregt, macht er aus der Sache doch erst die große Nummer.«

»Und?«

»Und!? Er beleidigt die Scherler und droht ihr. Wenn er das Ansehen der Piraten beschädigen will, ist er auf dem richtigen Weg.«

»Versteh ich nicht.«

»Es wär doch cleverer, die Scherler einfach anzurufen, mit ihr unter vier, sechs, acht Augen zu reden, ihr eventuell zu erklären, ob und warum sie auf dem Holzweg ist, und sie schließlich zu überzeugen, dass sie die Aktivitäten beenden sollte.«

Franz verstand immer noch nicht, was mich an der Sache störte. Dafür verstand ich, dass es zwar klüger, aber nicht piratischer gewesen wäre, einfach miteinander zu reden. Ein privates Gespräch wäre als Ventil für die überschäumende

Empörung angesichts dieses ungeheuerlichen Anschlags auf die Grundfesten unserer Demokratie einfach ungeeignet gewesen. Es musste schon die öffentliche Erregung sein. Darunter machen es Piraten nicht.

Jeder darf mal ran

Langsam stellte sich in meiner Gefühlswelt so etwas wie fatalistische Heiterkeit ein. Ich schwankte zwischen Zorn und Gelächter, etwa so wie die Schurken in den Batman-Filmen, wenn sie erkannten, dass ihre perfekten Pläne gescheitert waren und sie besser erst gar nicht abgetreten wären. Ich wollte doch in der Piratenpartei Karriere machen, ich wollte sie von innen heraus bekämpfen, aber so wie meine Piraten sich präsentierten, konnte ich einfach niemandem davon erzählen, dass auch ich ein Pirat war, ohne Heiterkeitsausbrüche zu ernten.

Als ich meinem Freund und Berater Ronald, einem ebenso leisen wie strengen Anwalt, bei einem Mittagessen stolz meinen Parteiausweis zeigte, zog er die Stirn in Falten.

»Das ist kein Scherz, oder? Du bist wirklich in die Piratenpartei eingetreten?!«

»Aber sicher doch.«

»Warum?«

»Ich wollte einfach etwas dagegen tun, dass die das Urheberrecht abschaffen.«

»Wegen des Urheberrechts bist du in die Partei eingetreten?«

»Meinst du, das war ein Fehler?«

»Kommt drauf an, was du unter Fehler verstehst. Wenn du denkst, dass du bei den Piraten was erreichen kannst, dann war das ganz bestimmt ein Fehler.«

»Aber jemand muss doch was tun! Wir können doch nicht einfach so zusehen, wie die Piraten uns ruinieren.«

»Stimmt, aber deswegen in die Piratenpartei einzutreten ist naiv.«

»Vielleicht, aber Naivität ist mit Sicherheit nicht die schlechteste Geisteshaltung, wenn man die Welt nicht nur hinter dem Schutzschild zynischer Imprägnierung verschanzt betrachten will. Naivität wird hin und wieder sogar mit wunderbarer Erkenntnis belohnt.«

»Manchmal leider aber auch mit peinlichem Erwachen«, konterte Anwalt Ronald und grinste mich an, wie es Psychiater in schlechten Filmen bei ihren unheilbar kranken Patienten machen. Dann musste er zurück in die Kanzlei zu seinen Scheidungsklagen und Prozessen wegen verweigerten Unterhaltszahlungen. Ich glaube, seitdem nimmt er mich nicht mehr ernst und hält mein Abenteuer für ein Zeichen von lächerlicher Autoren-Exzentrik …

Und im Grunde hat er ja Recht. Mit der Regelmäßigkeit von schweren Autounfällen blamierten sich die Piraten bei jeder sich bietenden Gelegenheit. Da wollte der Berliner Abgeordnete Martin Delius nach einem anstrengenden Arbeitstag einfach nur locker sein und meinte: »Der Aufstieg der Piratenpartei verläuft so rasant wie der der NSDAP zwischen 1928 und 1933.« Das war indes nicht nur historisch falsch, sondern auch noch politisch selten dämlich. Zu Delius' Entlastung kann ich sagen, dass er die Piraten selbstverständlich niemals mit der NSDAP gleichsetzen wollte und höchstens die Leichtsinnigkeit der Wähler im Auge hatte. Doch dummerweise hatte er nicht bedacht, dass in einem permanenten politischen Kriegszustand jede riskante Äußerung eines Politikers zum Generalangriff auf Recht und Ordnung hochstilisiert wurde. Ich glaube ja insgeheim, Martin Delius hatte einfach nur so provokant und eloquent wie sein Fraktionskollege Christopher Lauer sein wollen. Aber war er es auch?

Später prügelte sich Alexander Morlang im Abgeordnetenhaus beinahe mit seinem Fraktionskollegen Philipp Magalski, nannte eine Frau »Ex-Fickse« und twitterte, »nazis, kinderficker und anders gesocks gehörten doch fest zu den grünen der achtziger und neunziger. einige sind noch heute da«, wie man online beim *Berliner Kurier* lesen kann. Auch wenn sich Morlang für seine Wortwahl später entschuldigte, die restliche Piratenfraktion war erschüttert, Presse und politische Gegner dagegen entzückt. Es dauerte dann aber immerhin noch eine Weile, bis die Berliner Piraten endlich verstanden, dass sie sich am Riemen reißen mussten, wenn sie neben der Beschäftigung mit Peinlichkeiten hin und wieder auch noch richtige politische Arbeit verrichten wollten. Also disziplinierten sie sich (vorübergehend) selbst und konzentrierten sich auf den langweiligen und unspektakulären Alltag von BER-Untersuchungsausschuss und Wasserpolitik.

Doch wie sollte es anders sein, kaum hatten die Berliner ihren Platz an der Pannen-Sonne aufgegeben, sahen die Piraten in NRW den Moment gekommen, ihrerseits die Skandal-Marktführerschaft zu übernehmen. Joachim Paul, Fraktionsvorsitzender der NRW-Piraten, hatte uns auf dem Barcamp (offene Tagung mit offenen Workshops) in Essen zwar noch ermahnt, den Wählerauftrag ernst zu nehmen. Doch Dietmar Schulz, der rechtspolitische Sprecher der NRW-Piraten, wollte sich in seinem Recht auf freie Meinungsäußerungen nicht beschneiden lassen und twitterte anlässlich des Volkstrauertages: »Grotesk: Gedenken der Opfer von Gewaltherrschaft und Krieg auf jüdischem Friedhof während Israel bombt was das Zeug hält.« Im ersten Moment war den Parteifreunden gar nicht aufgefallen, was Schulz da gesagt hatte. Der linke Antisemitismus ist ja bei den Piraten ebenso verbreitet, wie er gesellschaftlich geduldet ist. Als aber die anderen Fraktionen im Düsseldorfer Landtag erkannten, dass hier politische Kugeln für den politischen Revolver bereitlagen, schreckten die Piraten auf. Eilig musste die Parlamentarische Geschäftsführerin Monika Pieper eine Erklärung abgeben: »Völlig überrascht und fassungslos habe ich die Tweets von Dietmar zur Kenntnis genommen. ... Die aktuelle Situation in Israel mit dem in Deutschland stattgefundenen Holocaust in Verbindung zu bringen ist geschmacklos und nicht zu akzeptieren.«

Meine fatalistische Heiterkeit nahm langsam pathologische Züge an. Ich erwischte mich selbst dabei, wie ich in den Crewsitzungen leicht schaukelnd blöde vor mich hin grinste und nicht glauben wollte, wie meine Partei sich präsentierte. Es war nicht nur so, dass die meisten Äußerungen absolut idiotisch und unreflektiert waren, sondern ich musste erkennen, dass die Produktion von Ärgernissen offenbar geradezu ein Prinzip meiner Partei war.

Meine Frau nahm meine seelische Verwirrung inzwischen mit Sorge zur Kenntnis und versuchte mir zu erklären, dass in dem Piraten-Chaos System steckte.

»Wer Autorität ablehnt, wer auf die Basis baut, wer jede Stimme wichtig nimmt, muss nun mal damit leben, dass jeden Tag irgendwo im Land irgendein Pirat aufwacht und glaubt, er sollte seine Meinung, zu was auch immer, von sich geben.«

»Und am besten noch, bevor er das Gehirn eingeschaltet hat!«

»Sieh es doch mal so, die Partei zerlegt sich selbst und nimmt dir die Arbeit ab.«

»Ich weiß nicht, irgendwie ist es unbefriedigend, wenn dein Gegner sich noch vor dem eigentlichen Duell selbst erledigt.«

Kommt schon, Piraten, betete ich heimlich, reißt euch zusammen, hört auf, euch so dilettantisch zu verhalten. Ihr wolltet doch anders als die anderen sein. Jetzt beweist, dass das kein leeres Versprechen war.

Aber wenigstens gab es da noch Marina Weisband, die bereits wusste, welche Probleme auf die Piraten zurollten, als sie bei Maybrit Illner saß: »Jeder, mit dem ich gesprochen habe, und selbst ich bis vor zwei Jahren, hatte den Eindruck, dass man in der Politik eigentlich nur durch Korruption weiterkommt, nur durch Bekanntschaften, dass im Prinzip niemand wirklich, also kein hochrangiger Politiker, eine saubere Weste hat. Das sind vielleicht Klischees, das Problem ist aber, dass immer wieder Fälle kommen, die das bestätigen«, klärte sie das Publikum auf. Nachdem ich Marina Weisband schon auf der Flauschcon begegnet war und sie in ein paar Videos auf YouTube verfolgt hatte, begann ich nun zu verstehen, was ihre »Story« war. Sie hielt tapfer die idealistische Fahne einer besseren Welt hoch, die durch die und in Gestalt der Piraten kommen würde. Dafür war ich ihr bedingungslos dankbar. Wenigstens eine, die sich der seelischen Korruption meiner Partei tapfer entgegenstellte. Unsere Jeanne d'Arc, die unverdrossen am Glauben an das Gute – wenn schon nicht im Menschen, so doch im Piraten – festhielt.

Bereits an dem Abend, als sie von Michel Friedman in seiner Talkshow nach allen Regeln des verbalen Nahkampfes auseinandergenommen worden war, hatte ich beschlossen, sie in den Kreis der Helden aufzunehmen, die jede Partei braucht, wenn sie eine ordentliche Story abliefern will. Bei dem schon erwähnten Joseph Campbell wäre sie eindeutig ein Beispiel für den »Herold«, dessen wichtigste Funktion es ist, die Notwendigkeit einer Veränderung zu verkünden. Also dachte ich mir eine weitere Figur aus.

Die Schmerzensreiche

Sie würde sich opfern. Ja, wenn es nötig werden würde, wäre sie zu allem bereit, auch zum Rücktritt. Sie ist ja nur ein Atom, ein Elektron in dem großen Konzert digitalen Lebens. Aber vorher würde sie ihren Gefährten noch einmal ins Gewissen reden, sie daran erinnern, warum sie sich Piraten genannt hatten. Nicht nur, weil der Name ein genialer Marketingcoup war, sondern weil damit die Kinderträume eines freien Lebens auf einem freien Meer und mit dem Thrill des Verbotenen wiedererweckt wurden. Dazu mussten sie stehen. Zu der kindlichen Naivität, der pubertären Rebellion, dem Kampf gegen die bürgerliche Scheiße. Mit stolz erhobenem Haupt wollte sie den Journalisten, Analysten, Onanisten entgegentreten und die Möglichkeit des Traumes verteidigen. Es ging doch nicht darum, ob Eier gestempelt werden müssen oder wie hoch der Hartz-IV-Satz ist. Es geht überhaupt nicht um das Machbare, es geht um das Träumbare. Und da will sie die Leute abholen, die noch nicht vom System verhärtet und desillusioniert wurden. All die klugen Idealisten, Schwärmer und Phantasten. Denen will sie sagen: Es gibt eine bessere Welt! Sie liegt im Netz! Und die Piraten wissen, wie man dorthin segelt.

Aber dafür müssen die Piraten sich einig sein. Sie schreibt in ihr Tagebuch: Wenn alle am Rad drehen, kommen wir keinen Zentimeter voran. Markus und Sebastian und Bernd und Johannes und all die mutigen Piratinnen müssen sich einigen. Den Kurs auf Liquid Feedback diskutieren. Und wenn sie sich nicht einigen können, na und? Scheiß drauf! Dann segeln wir eben überallhin. Und wenn eine Wahl verloren geht, scheiß drauf. Was sind schon Wahlen? Staatlich organisierter Betrug! Das hatte sie geschrieben. Schreiben müssen, weil es sie so schmerzte, dass die Piraten, ihre Piraten, die sie so liebte, nicht mehr die waren, die sie am Anfang gewesen waren. Und weil sie in der vergangenen Nacht einen wunderbaren Traum gehabt hatte, in dem am Ende ein Engel zu ihr kam und ihr einen Satz ins Ohr flüsterte. Es war der Satz, der alle Probleme löste. Das politische Gottesteilchen. Das Arcanum (Geheimlehre) des Paracelsus. Die göttliche Weisheit von allem.

In dem Traum war sie ein Kind, wie es in dem Gedicht von Peter Handke heißt: »Als das Kind Kind war / wußte es nicht, daß es Kind war / alles war ihm beseelt / und alle Seelen waren eins.« Und die anderen Piraten waren auch Kinder. BuBernd und Schmidtlepp und laprintemps und Tikkachu und schwarzblond und all die anderen.[1] *Sie waren Geschwister und liefen in kurzen Hosen (die Jungs) und kurzen Röcken (die Mädchen) herum und mussten hart arbeiten für die Familie. Sie hatten plötzlich Verantwortung für den ganzen Haushalt, ohne die Pubertät abgeschlos-*

1 *BuBernd ist auf Twitter der Tarnname für Bernd Schlömer, Schmidtlepp für Christopher Lauer, laprintemps für Julia Schramm, Tikkachu für Cornelia Otto und schwarzblond für Laura Dornheim.*

sen zu haben. Anfangs konnten sie die Familie ernähren, aber dann versagten sie, weil sie sich nicht einigen konnten, wo es die besten Früchte gab. Und welche davon genießbar waren und welche nicht. Und jetzt hatten sie den Schlamassel. Sie wurden begafft und bestaunt und belächelt und verdammt. Im Grunde waren sie eine Metapher für die Piratenpartei. Und da musste sie weinen. Denn die Piraten waren doch auch noch Kinder. Und: »Als das Kind Kind war / würgte es am Spinat, an den Erbsen, am Milchreis / und am gedünsteten Blumenkohl / und ißt jetzt das alles und nicht nur zur Not«, schrieb Peter Handke in seinem Gedicht.

Und isst jetzt alles und nicht nur zur Not. Da wusste sie, dass es gut werden würde, wenn sie es nur wollten. Dass die Welt nicht verloren war, wenn sie es nur wollten, dass Arkadien nahe war, wenn sie es nur wollten. Alles, was sie tun mussten, war, sich auf den Weg zu machen. Dorthin, wo die Engel wohnten. Und das tat sie. Alleine, weil die anderen Angst hatten, sich stritten und ihr nicht vertrauten. Sie ging alleine zu den Engeln. Und als sie dort war, kam der schönste auf sie zu und flüsterte ihr das Geheimnis ins Ohr. Leise und zart. Und als sie es vernahm, jubelte ihr Herz. Sie wusste, dass es die Wahrheit aller Wahrheiten war. Sie fühlte im ganzen Körper, dass sie erwählt waren. Sie und die Piraten. Aber der Engel warnte sie: »Vergiss es nicht! Vergiss es nicht!« Und sie schwor, es nicht zu vergessen.

Dann wachte sie auf. Natürlich hatte sie es vergessen. Sie konnte sich nicht mehr erinnern. Nicht an ein einziges Wort. Und deswegen war die Piratenpartei auch in diesem Scheiß-Zustand, verdammt noch mal!

Wer hat noch nicht, der darf noch mal

Trotz dieser schönen Phantasie gab es natürlich, und wie sollte es anders sein, auch Ärgernisse jenseits der großen Politik. Da wollten die Piraten am Rande etwa den Großtieren nicht nachstehen. Die nordrhein-westfälische Abgeordnete Birgit Rydlewski beispielsweise teilte uns auf Twitter mit, was wir nicht hören wollten, aber nach ihrem Gefühl unbedingt hören mussten: »So: Allen lieben Dank, die wegen des gerissenen Kondoms mitgezittert haben: Alle Tests Negativ! (Also HIV, Hep. B, Hep. C.).« Anschließend gestand sie, dass sie gerne an einem Fraktionskollegen lecken wolle, und meinte, dass er das Gleiche auch bei ihr tun könne, es aber auf keinen Fall auf Twitter erzählen solle.

Meine Zweifel am geistigen Gesundheitszustand der Partei nahmen noch einmal deutlich zu. Auch Fraktionschef Joachim Paul fand das gar nicht witzig und ärgerte sich, weil dadurch eine seriöse Wahrnehmung der Partei in NRW nicht gerade befördert wurde. Erneut musste Monika Pieper ran und verkündete: »Wir können so weitermachen wie bisher. Jeder handelt so, wie er es für richtig hält, ohne auf die Konsequenzen Rücksicht zu nehmen. ... Dann können wir die Fraktion auch auflösen.«

Vorher aber wollte sich das Bundesvorstandsmitglied Markus Barenhoff noch schnell wegen einiger Cannabispflanzen im Garten vor Gericht verantworten. Vielleicht hatte er deshalb schon vorab am Weltdrogentag 2012 laut Bildzeitung gesagt: »Die Tabuisierung des Themas und die Kriminalisierung des Konsumenten führen zu gesellschaftlicher Ausgrenzung bis hin zur Obdachlosigkeit, Ausbeutung, Prostitution und Beschaffungskriminalität.« Inwieweit eine dieser Gefahren auch auf ihn zutraf, ob er sich prostituieren musste oder in die Beschaffungskriminalität abrutschte, blieb ausnahmsweise mal ein Geheimnis.

Nachdem ich mich anfangs noch in den Crewsitzungen fürchterlich über die peinlichen Egotrips meiner Parteifreunde aufgeregt hatte, begann ich irgendwann gegenüber dieser Symphonie des Grauens abzustumpfen. Es heißt ja, dass eine lebensnotwendige Fähigkeit des Menschen darin bestehe, sich seiner Umgebung anzupassen, sich auch an Mangel, Not und Unglück zu gewöhnen. So war es schon einmal in den 80er Jahren mit Tschernobyl gewesen, und so erging es mir jetzt mit den Piraten. Ich akzeptierte, dass das Stück, das sie jeden Tag von Neuem mit lächerlichen bis dramatischen Szenen fütterten, ein notwendiger Prozess in der spätpubertären Phase der Piratenpartei war. Und darüber hinaus vielleicht sogar jeder Partei, angefangen bei den Grauen über die Republikaner bis hin zur Alternative für Deutschland und der FDP.

Lektion 12: Die Partei an den Rand des Abgrunds führen

Der nächste, ebenso logische wie unvermeidliche Schritt in der Genese einer Partei besteht darin, selbige insgesamt einem gnadenlosen Härtetest zu unterziehen. Alles, was du als Parteigründer – oder ein von dir eingesetzter Vertreter – dabei tun musst, ist, nun auch den einfachen Parteimitgliedern die freie Meinungsäußerung zu erlauben. Rechte bis konservative Parteien (gelegentlich auch autoritäre linke Kaderparteien, die es aber heute nicht mehr gibt) haben in diesen Fällen nicht viel zu befürchten, weil die Mitglieder entweder zu autoritätshörig, zu blöde oder zu clever sind, eine von der Führung abweichende Meinung zu äußern. Linken Parteien dagegen ist aufgrund ihres (scheinbaren) Vorbehalts gegen Autoritäten durchaus die Möglichkeit gegeben, sich selbst bei diesem Test schnell und schmerzhaft zu zerlegen. Hier sind vor allem das Misstrauen gegen Parteifreunde, der Glaube an das ideologische Heil, das keine Konkurrenz duldet, Selbsthass und die eigene seelische Not ausschlaggebend. Die Parteimitglieder werden dann unverzüglich das gesamte Reservoir an authentischen, aber politisch inkorrekten Gedanken, Meinungen und Gefühlen auspacken und die Partei an den Rand des Abgrundes führen.

Geld stinkt

Wenn ich bis jetzt gedacht hatte, meine Piraten würden sich lediglich bei den »weichen« Themen Esoterik, Drogen und Sex blamieren, musste ich nun feststellen, dass ein ordentlicher Dilettantismus erst bei den harten Themen zur vollen Blüte reift. Hier konnten die Piraten sich nach Herzenslust einer der Lieblingsbeschäftigungen jedes Politikers aus der zweiten Reihe widmen: die eigene Partei zu ruinieren. Das hatten offensichtlich auch andere erkannt und regten sich ungeheuer auf, wenn der Clash of Cultures, der die Piraten mit dem Rest der Republik zusammenstoßen ließ, ununterbrochen Desaster gebar. Schlömer, Ponader, Weisband mahnten gebetsmühlenartig, die Partei solle mit dieser »Scheiße« aufhören. Trotzdem hatte ich bei Betrachtung all der Skandale und Skandälchen zum ersten Mal den Eindruck, dass die Partei in solchen Momenten höchst authentisch war.

Wenn es zum Beispiel Streit um eine freiwillige Abgabe der 45 Piratenabgeordneten aus den Landtagen an die Bundespartei ging, die meisten der Abgeordneten sich jedoch weigerten und Schlömer verhöhnten, hatten sie offensichtlich den wahrhaftigsten Ton getroffen, jenen, der erzählte, wie es tatsächlich um die vielbeschworene Solidarität in der Partei stand. Es ging dann letztlich gar nicht darum, dass Sprecherin Anita Möllering nur 800 Euro im Monat erhielt und dafür mehr als sechzig Stunden pro Woche arbeitete – und dass völlig unklar war, wie unter solchen Bedingungen ein Wahlkampf organisiert werden sollte. Es ging um Egoismus, Neid und die Hierarchie-Phobie der Piraten, die sogar dann auftrat, wenn es sich um den Vorstand der eigenen Partei handelte. Auf keinen Fall wollte man den Bundesvorstand in die Lage versetzen, ordentliche Arbeit machen zu können. Zum einen, weil der klassische Pirat einem Vorstand sowieso nicht über den Weg traute, zum anderen, weil er ihn nicht leiden konnte, und zum Letzten, weil der Pirat in den Landesverbänden selbst genügend Ideen hatte, wie er die Beiträge und staatlichen Gelder verpulvern konnte. (Siehe die bereits erwähnte Flauschcon mit Gesamtkosten von mehr als 28 000 Euro.)

Der NRW-Abgeordnete Oliver Bayer versuchte seine Allergie gegen die Bundespartei in diesem Zusammenhang sogar mit dem beachtenswerten Hinweis zu erklären, dass das Geld der NRW-Piraten nicht der Bundespartei, sondern dem Land NRW und den Menschen dort helfen solle. Womit er zwischen den Zeilen deutlich machte, dass ihn ein Wahlerfolg bei der Bundestagswahl nicht sonderlich zu interessieren schien.

Auch aus anderen Landesverbänden wurden ähnlich feindliche Botschaften gesendet. Doch was der Partei wirtschaftlich schadete, musste für die private Situation der Akteure kein Nachteil sein. Für Piraten, die in prekären Beschäftigungsverhältnissen lebten, bedeutete der Job als Abgeordneter endlich ein sicheres Einkommen. Und nicht nur das, wurde der eine oder andere auch in die Lage versetzt, einen Teil des Einkommens zu spenden, und konnte dadurch Dank und Liebe erfahren. Mal ehrlich, wer wollte darauf verzichten?

Auf der Tagung »Open Mind« wollte ich bei Club Mate und selbstgemachten vegetarischen Hackfleischbällchen erfahren, welche Meinung die Basis zum Thema Geld, Gier und finanzielle Opferbereitschaft besitzt. Irgendwann fragte ich also die neben mir sitzende Silvia, eine Piratin der ersten Stunde, ob sie an die Partei spende.

»Nein, wieso sollte ich?«

»Lass mich überlegen, vielleicht weil die Bundespartei Geld braucht?«

»Ich zahl auch keinen Beitrag.«

»Du zahlst keinen Beitrag? Wieso?«

»Weil ich der Goetze (Bundesschatzmeisterin der Piraten) nicht traue.«

»Was denkst du, was sie mit dem Geld macht? Klamotten kaufen?«

»Weiß ich nicht. Ich hab so ein Grundmisstrauen. Den Vorstand zu alimentieren heißt, ihn zu ermächtigen. Und Macht für irgendwelche Vorstände bedeutet das Gegenteil von dem, was Piraten eigentlich wollen, nämlich selbst an der Basis Politik machen.«

»Aber dir ist schon klar, dass eine Partei, die kein Geld hat, einfach nicht arbeiten kann.«

»Ist mir egal. Ich brauch die Partei nicht ...«

Im Laufe des Abends wurde mir bewusst, dass ich im Falle einer Karriere in meiner Partei noch häufiger mit solch ausgeprägten antiautoritären Zwangsneurosen konfrontiert sein würde. Wollte ich das wirklich? Ich befragte bei dieser Gelegenheit auch noch einige andere Piraten nach ihrer Zahlungsmoral. Zwölf von ihnen zahlten 36 Euro Beitrag im Jahr, vierzehn zahlten nichts.

Kurz nach dem Bochumer Parteitag im November 2012 bloggte deshalb die fleißige Bundesschatzmeisterin Swanhild Goetze ihren Unmut über die Piraten. »Dieser Parteitag hat mich traurig gemacht. Ich dachte bisher, ich wäre in einer Partei, in der die Piraten füreinander einstehen, sich vertrauen und Gerechtigkeit wichtig finden. Leider wurde ich von vielen enttäuscht ...« Was war geschehen? Goetze und andere hatten in vielen unbezahlten Stunden einen Antrag ausgearbeitet, der das wenige Geld, das den Piraten nach dem Parteienfinanzierungsgesetz zustand, gerecht verteilen sollte. Der Antrag war komplex und kompliziert. Aber das haben Anträge, die sich mit Finanzen befassen, meist so an sich. Für die Piraten auf dem Parteitag war das aber absolut kein Grund, sich gründlich und eingehend mit diesem wichtigen Antrag zu befassen oder ihm gar zuzustimmen. Irgendwer fand immer irgendeinen Nebensatz, dem er unter keinen Umständen zustimmen konnte, weshalb der Antrag bei der Abstimmung sang- und klanglos versenkt wurde und die finanzielle Ungerechtigkeit einen glorreichen Sieg davontrug.

Auch wenn mich das nicht sonderlich überraschte, wurde ich in diesem Moment richtig wütend, weil ich sah, wie enttäuscht Swanhild Goetze war und wie sie mit den Tränen kämpfte. In ihrem Blog fragte sie dann konsequenterweise, warum sie auch im nächsten Jahr zusammen mit anderen wieder 80 Stunden Zeit opfern solle für einen Antrag, den die

Piraten dann innerhalb von 30 Minuten ja doch nur in die Tonne treten würden. Mit Sicherheit wussten die meisten, die den Antrag abgelehnt hatten, noch nicht mal, dass dadurch die Organisation von zukünftigen Bundesparteitagen erheblich erschwert wurde. Die Ironie dabei: Auf einem Parteitag lehnte man einen Antrag ab, der Parteitage erst ermöglichte! Mit einem gewissen perversen Stolz dachte ich, dass keine andere Partei zu solch einer Blüte sadomasochistischer Schizophrenie fähig war.

Aber es kam noch besser. Der eigentliche Gipfel der Piraten-Ignoranz war erst erreicht, als vier NRW-Piraten eine Strafanzeige gegen den NRW-Finanzminister Norbert Walter-Borjans stellten. Der hatte nämlich in den Augen der vier Rächer der Entrechteten Beihilfe zu Straftaten geleistet. Diese musste gesühnt und bestraft werden. Was aber hatte Walter-Borjans getan? Nun, er hatte Schweizer CDs angekauft, auf denen deutsche Steuersünder gespeichert waren. Und weil auch Piraten die deutsche Gründlichkeit lieben, wussten die vier ihre Anzeige tatsächlich mit dem Strafgesetzbuch zu begründen, in dem es unter § 202 heißt: »(1) Wer unbefugt sich oder einem anderen Zugang zu Daten, die nicht für ihn bestimmt und die gegen unberechtigten Zugang besonders gesichert sind, unter Überwindung der Zugangssicherung verschafft, wird mit Freiheitsstrafe bis zu drei Jahren oder mit Geldstrafe bestraft.« Als ich davon während einer Crewsitzung im »Papillon« erfuhr, dachte ich, wir Piraten hätten endlich einen Zugang zu Scherz, Satire und Ironie gefunden. Aber das war ein Irrtum. Die Nachricht war bierernst gemeint und beinhaltete nicht einen Hauch von Humor.

Die vier Untouchables hatten zugeschlagen und eins zu eins piratisch gedacht. Es war ein Schlag gegen das Verbrechen. Es war ein Ausweis der Unbestechlichkeit der Piraten. Aber es war auch eine Steilvorlage für den SPD-Finanzminister, der prompt lästerte: »Die Kämpfer für Transparenz werden zu Hütern des Schweizer Bankgeheimnisses und der dort angelegten Schwarzgeldmilliarden.« Also noch ein klassisches Eigentor für meine Partei, die sich als digitaler Robin Hood der Ausgebeuteten verstand. Inhaltlich und juristisch korrekt, politisch ein Zeichen von geistiger Dürre.

Als ich diesen Sachverhalt ein paar Tage später mit etwas Abstand betrachtete, wurde mir klar, dass ich sehr vorsichtig sein musste, wenn ich nicht ebenfalls durch unbedachte Wahrheiten ins Auge eines Shitstorms geraten wollte. Bisher hatte ich außer ein paar Äußerungen zum Urheberrecht, die nur dem Piratenurheberrechtsexperten Bruno Kramm aufgestoßen waren, noch keine nennenswerte Initiative gezeigt. Ich war es noch nicht wert gewesen, dass die Basis mich mit ihrer Verachtung strafte. Aber das würde sich mit Sicherheit bald ändern. Ich hatte nämlich vor, beim Landesparteitag der Berliner Piraten mit einem *sehr* speziellen Programm für den Landesvorstand zu kandidieren. Dieses Programm würde vor allem bei den Karrieristen unter den Berliner Piraten für einige Unruhe sorgen. Doch bis es so weit war, konnte ich im Schutz der Anonymität weiter meine Erkenntnisse auswerten.

Lektion 13: Wie die Selbstzerstörung einer Partei funktioniert

Es genügt nicht, deine Partei nur medial zu blamieren und dich dabei selbst als Trottel oder Witzbold zu präsentieren, die vollendete Kunst der Parteien-Selbstzerstörung erblüht erst bei den sogenannten harten Themen. Parteifinanzen ist eines davon und besonders geeignet, eine Partei zugrunde zu richten. Vor allem die politischen Hinterbänkler (wahlweise auch Hinterwäldler), die sonst im öffentlichen Schatten stehen, haben hier die Möglichkeit, sich ins Licht zu begeben. Unzufriedenheit, Aversionen, Paranoia und andere Reflexe finden dabei ein geeignetes und wirksames Ventil. Ein weiteres »hartes« Thema kreist um juristische Fragen. Dabei können Parteimitglieder mit eindeutiger Expertise beweisen, dass sie sich zwar im deutschen Recht auskennen, sonst aber kei-

nerlei politisches Gefühl besitzen. Erst diese Doppelbegabung versetzt Fachidioten aus allen Bereichen in die Lage, der Partei ernsthaft zu schaden.

Kleinvieh macht auch Mist

Als die Basis bemerkte, zu welch geistigen Tollpatschigkeiten ihre Führung fähig war, wollte sie also dem *großen* Theater der Grausamkeit in nichts nachstehen. Wozu gab es denn die vielen Untergruppen innerhalb der Partei, in denen man sich, seiner Individualität und seinen Neurosen freien Lauf lassen konnte? Wer sich in seinem individuellen Bällebad austoben wollte, dem stand die Partei offen. Und das betraf nicht nur die bekannten Splittergruppen aus den Bereichen Transgender, Esoterik und Zeitreisen, nein, es gab auch noch die »Atomkraftbois« und die Frauen.

Das wichtigste Gestaltungsmerkmal dieser Gruppen war, lernte ich nun, dass sie ideologisch vom Mainstream der Parteienseele abwichen. Nur so konnten sich die Exzentriker aus einem Sumpf von 35 000 Mitgliedern und Millionen Tweets hervorheben. Für all diese Individualisten, die im Netz ihre private Bühne gefunden hatten, war es nämlich schlicht unmöglich, sich als die Schafherde zu begreifen, die in anderen Parteien dem Vorstand hinterherläuft. Bei den Piraten wollte und konnte jedes Mitglied der Held seiner eigenen Posse sein. Der pragmatische Kern der Profis duldete diese Gruppen, obwohl sie außerordentlich nervten und es immer wieder schafften, das Image der Partei als bürgerliche, links- oder sozialliberale – auf alle Fälle seriöse – politische Kraft nachhaltig zu demolieren. Andrerseits stellten sie aber auch die Pluralität der Piratenpartei unter Beweis. Entsprechend hielt unser Vorstand die ideologischen Heckenschützen aus, zumal die dafür sorgten, dass die Piraten stets im Gespräch blieben und als chaotischer Haufen erscheinen konnten. Etwas, das unseren Status als Protestpartei erheblich untermauerte.

Da gab es also die schon erwähnte Berliner Pirantifa, die sich immer und überall von rechts umringt sah und entsprechend hyperventilierte, wenn irgendwo drei Neonazis die Machtergreifung ausriefen. Sofort wurde auf Twitter zum Widerstand gegen die »Cops« aufgerufen, die die »Schweine« schützten und nicht bereit waren, Nazis der antifaschistischen Pädagogik zu überlassen. Trotzdem nahm keiner in der Partei diese quasi-religiöse Sekte so richtig ernst. Mein bayrischer Mitpirat Simon, den ich in München bei einem Treffen der Urheberrechts AG traf, hatte eine erfrischend klare Haltung zur Pirantifa.

»Wirst sehn, Uwe, auch die Guerilleros werden irgendwann brav und bürgerlich. Und zwar spätestens dann, wenn sie ein Parteiamt haben oder im Landtag sitzen oder Kinder kriegen.«

Wir malten uns dann aus, wie unsere Rebellen in zehn oder zwanzig Jahren, dann älter, reifer, gelassener sowie körperlich und mental fetter geworden, sich an die erste Dekade erinnern und von den wilden Zeiten schwärmen würden.

»Der Oliver Höfinghoff erzählt dann seinen Kindern, wie er in der Pirantifa zusammen mit seiner Freundin Mareike Peters in der Partei für Randale gesorgt hat, indem er alle Rechten, Nazis und Faschos gnadenlos entlarvte.«

»Auch wenn ein paar von denen gar keine Nazis waren!«

»Richtig. Und das macht seine Leistung nur umso beeindruckender.«

»Und dass all das keine oder nur geringe Folgen hat, schmälert den Mythos noch nicht mal.«

»Natürlich nicht. Hast du doch beim Joschka Fischer gesehen. Dass der gesagt hat: ›Mit Verlaub, Herr Präsident, Sie sind ein Arschloch‹, hat nicht dazu geführt, dass seine Karriere beendet gewesen wäre. Das hat sein Image als Rebell doch erst so richtig zum Strahlen gebracht!«

Die Folgenlosigkeit solcher Äußerungen, erklärte mir Simon, sei vielmehr sogar Voraussetzung, damit die Parteien-Kriegserlebnisse in die allgemeine Heiligengeschichte aufgenommen werden könnten.

Mindestens genauso entschlossen, aber lange nicht so hysterisch, wurde in meiner Partei die Frage des Atoms wegdiskutiert. Als eine Gruppe namens Nuklearia es wagte, unter der Flagge der Piraten die Gefährlichkeit von Atomkraftwerken in Frage zu stellen, wurde sie reflexartig und unverzüglich von Gero Preuhs, seines Zeichens stellvertretender Bundespressesprecher der Piratenpartei, abgemahnt.

Ich hatte in Bochum mit zwei Vertretern von Nuklearia gesprochen und festgestellt, dass sie unaufgeregte und eher trockene Wissenschaftler waren. Und wie Wissenschaftler nun mal sind, wollten sie eher ihren Erkenntnissen als dem politischen Mainstream folgen. Doch damit waren sie in der Partei der Rechtschaffenen, wie ich meine Piraten inzwischen nannte, völlig fehl am Platz. Es interessierte in der Partei niemanden, welche Argumente die Nuklearia vorbrachte, da man sich entschieden hatte, von groteskem Unwissen getragen, eher dem Gefühl und Gemüt zu trauen. Und da war Atom an sich eben schmutzig, schlecht, gemein, böse, tödlich, rechts, kapitalistisch, menschenverachtend und Ausdruck einer zynischen Industrie, die sich nur um ihren Profit kümmert und dafür Menschen über die Klinge springen lässt. Folglich stellte ein gewisser »Cybaer« in seinem Blog fest: »Nichts für ungut, aber ich habe ernsthafte Zweifel, dass ein evangelikaler Atombefürworter in der linksliberalen, laizistischen Piratenpartei ernsthaft sinnvoll aufgehoben ist!«

Das war zwar nicht meine Meinung, aber immerhin eine klare Haltung, die ich nach außen hin vertreten wollte, sobald ich irgendeinen wichtigen Posten erobert hätte. Ich musste ja nicht hinter allem stehen, was ich als Pirat von mir gab. Hauptsache, ich würde im Mainstream der guten Piraten mitschwimmen können.

Doch dann, wie sollte es anders sein, erfuhr ich, dass der stellvertretende Bundespressesprecher Preuhs Nuklearia aufforderte, »bei Meidung einer Vertragsstrafe, deren Höhe bei einem schuldhaften Verstoß von der Piratenpartei Deutschland, vertreten durch den jeweiligen Vorstand, nach billigem Ermessen festzusetzen ist«, nicht länger den Eindruck zu erwecken, die Piraten wären irgendwie für Atom. Ich wunderte mich: Die Piraten greifen zum Mittel der Abmahnung? Ähnlich dachte auch der bayrische Landesvorsitzende Stefan Körner und sprach auf Twitter von einer »saudummen Idee« und wollte wissen, ob Preuhs »noch alle Tassen im Schrank« habe. Irritiert rief ich in der Geschäftsstelle an und wollte von dem armen Piraten am anderen Ende der Leitung wissen, was nun eigentlich die offizielle Haltung der Piraten zu »Atom« sei. Er wusste es nicht, hatte aber eine eher verschwörungstheoretische Haltung zu dem Thema. Doch bevor er ins Detail gehen konnte, legte ich auf.

Keine Frauen, keine Tränen

Ein ebenfalls wichtiges und ebenso neuralgisches Randgruppenproblem, bei dem es um Image, Positionierung und Reputation der Partei ging, war die Frauenfrage. Bette Midler hatte es vor Jahren schon besungen: »Tits and ass won't get you jobs. Unless they're yours.« Die Gretchenfrage lautete also, Quote ja oder nein? Brauchte die Piraten-Burschenschaft eine Mindestanzahl optisch attraktiver Frauen, damit die Partei auch für jene Männer eine Wahlalternative sein konnte, die Schwierigkeiten hatten, sich auf mehr als zwei zusammenhängende Sätze in einem Wahlprogramm zu konzentrieren?

Auf den Landeslisten zur Bundestagswahl 2013 sah es Ende 2012 so aus: Von dreißig Piraten in Bayern waren vier weiblich. Genauso in Baden-Württemberg. In Rheinland-Pfalz waren es vier von vierzehn. In der pirateninternen Gemeinschaft »Kegelclub« formulierte Schwarzblond alias Laura Dornheim dazu Folgendes: »Die Quote stammt aus einer anderen Zeit, als noch ganz andere Schlachten ausgetragen werden mussten. Daran zeigt sich auch, dass sie (die Befürworter?) nicht im Geringsten die unterschiedlichen sexuellen Identitäten der einzelnen Individuen betrachten, die ja nicht zwingend mit dem biologischen Geschlecht übereinstimmen müssen. Und obendrein werden Intersexuelle auch noch ganz außen vor gelassen!« Aha, dachte ich, und was will sie mir damit sagen?

Manuela, die ich in der Geschäftsstelle traf, als sie die schmutzigen Geschirrtücher abholte, und die sich als Gender-Sexistin bezeichnete, musste mir diese steile These erklären.

»Was will Laura mir damit sagen? Dass die Zukunft unserer Partei von der Teilhabe der transsexuellen Bevölkerung abhängt? Oder dass die Partei ihr chauvinistisches Gedankengut aufgeben muss und zwar zackig?«

»Zum Beispiel. Gedanken schaffen Sprache, Sprache schafft Realität. Du musst einfach kapieren, dass wir ein Opfer chauvinistischer Linguistik sind. Wir klammern uns an Geschlechterstereotypen, weil wir damit Herrschaftsverhältnisse zementieren können.«

»Wer ist wir?«

»Typen wie du.«

»Aber das heißt nicht, dass ich eine Geschlechtsumwandlung machen muss, oder? Muss ich als guter Pirat ein Hermaphrodit sein?«

»Es reicht schon, wenn du nicht so ein Arschloch bist.«

Das Gespräch fand an dieser Stelle ein abruptes Ende, und ich wusste immer noch nicht, was es mit der piratischen Genderpolitik auf sich hatte. Vor allem auch, weil meine Partei dazu recht widersprüchliche Signale aussendete.

Da gab es die parteiübergreifende »Berliner Erklärung« vom 15. Dezember 2011, in der es hieß: »Seit über 60 Jahren gilt in Deutschland laut Grundgesetz, dass Frauen und Männer gleichberechtigt sind. In der Realität ist die Gleichstellung allerdings noch lange nicht verwirklicht. Die anhaltende Benachteiligung von Frauen in allen gesellschaftlichen Bereichen steht damit im Widerspruch zu unserem Grundgesetz und zu internationalem Recht.« Da der Kegelklub sich nicht sofort entscheiden konnte, ob diese Erklärung zustimmungsfähig war oder nicht, rief man Simon Kowalewski, den frauenpolitischen Sprecher der Piraten-Fraktion im Berliner Abgeordnetenhaus an und empfahl ihm, »nach eigenem besten Wissen und Gewissen zu entscheiden, ob er die Erklärung mit unterzeichnen möchte oder nicht«. Zum Glück, dachte ich, gibt es einen männlichen Sprecher, der den Frauen die Entscheidung abnehmen konnte …

Damit war die Gleichstellung aber noch nicht vollendet. Doch glücklicherweise beherrschten in der Piratenpartei einige Männer auch in diesem Bereich das Ritual der seelenreinigenden Selbstkritik. Ich zitiere im Folgenden einen Text, den ein wissenschaftlicher Referent der Berliner Piraten-Abgeordneten im Blog des Kegelclubs schrieb, weil ich finde, dass er wahlweise in ein Poesiealbum oder in eine Comedy-Show übernommen werden könnte: »Ich bin ein Alltagssexist. Ich schaue Frauen auf den Hintern und auf ihre Brüste. In der U-Bahn, im Supermarkt oder auch auf der Straße. Werbung mit leichtbekleideten Frauen darin finde ich gut. Wenn mich Frauen nach technischen Sachverhalten fragen, erkläre ich es ihnen anders, als wenn ein Mann mich fragt. Ich verändere das Niveau der Erklärung – nach unten … Aber ich will so nicht bleiben. Ich arbeite daran, in langsamen Schritten. Es ist ein schwerer Weg, der sich aber lohnt zu gehen. Und während ich so diesen Weg gehe, sage ich mir, wer und was ich bin, damit ich nicht so bleibe: Ich bin @herrurbach und @acid23 und ich bin Alltagssexist. Ich arbeite daran.«

Woran mein Mitpirat arbeitete, war mir nicht ganz klar. Aber mit Sicherheit war sein persönlicher Einsatz gegen den bösen Mann in sich notwendig, damit die Ausbeutung und Unterdrückung der Frau wenigstens bei den Piraten sofort beendet werden konnte. Denn nirgendwo, auch dies hatte ich inzwischen gelernt, blühte der Frauenhass so schön wie bei den Nerds, die tagaus, tagein vereinsamt vor dem Bildschirm saßen und nach landläufigem Klischee ihr Hacker-Verlies nur zum Einkauf von Club Mate und Chips verließen. Unterschlagen wird dabei allerdings stets, dass der klassische Piraten-Warenkorb auch noch Doppelpackungen Kleenex enthält.

Und zuletzt: Nach der Veröffentlichung ihres Buches *Klick mich* nahmen ein paar digitale Eingeborene Julia Schramms Hinweis auf dem Umschlag, sie sei eine Privilegienmuschi, etwas zu ernst. Vor allem die Unterleibspsychotiker bei den Piraten und in der Netzgemeinde fühlten sich aufgerufen, unter Verwendung widerwärtigster Beschimpfungen Julia Schramm über Tage hinweg verbal zu liquidieren. Das alles von menschenverachtendem Hass getrieben, aber natürlich anonym.

Nach diesem Ausflug in die geschlossenen digitalen Abteilungen war meine Vorstellung von einer netten, kleinen Partei, in der ich mich hocharbeiten würde, erst mal gehörig erschüttert. Für jeden Verschwörungstheoretiker mussten die Piraten und ihr Umgang miteinander doch ein gefundenes Fressen sein. Etwa nach dem Motto: Der politische Gegner hat Agenten, Schläfer, U-Boote in die Piratenpartei eingeschleust, um selbige politisch zu zerrütten und ihre Mitglieder moralisch zu frustrieren.

Ich beschloss, meine weiteren Pläne in Bezug auf die Parteikarriere für ein paar Tage auf Eis zu legen. Ich musste einfach das, was ich bei meiner digitalen Recherche erfahren hatte, erst einmal seelisch und geistig verdauen. Also setzte ich mich ins Auto, fuhr durch die Gegend, kaufte bei Ulrich am Zoo ein Sixpack Budweiser, fuhr weiter zum Reichstag und legte mich auf der Rasenfläche davor ins Gras.

Alkohol hat auf mich eine eigenartig beruhigende Wirkung. Während manche Leute aggressiv werden oder anfangen, sinnlos zu plaudern, oder inmitten ihrer körperlichen Ausscheidungen einschlafen, werde ich weich, verständnisvoll und nachgiebig. Nach einem kompletten Sixpack würde ich sogar jemandem verzeihen, der meine letzten drei Drehbücher belanglos findet. Deshalb höre ich meistens nach fünf Bier auf, um mir einen Rest an Selbstachtung zu erhalten. In dieser Nacht war mein Zorn auf die Piraten sogar schon nach zwei Andenken aus der schönen Stadt Budvar verraucht. Ich stellte mir die Frage, ob ein Redeverbot, eine Art von politischem Schweigegelübde, nicht dazu führen würde, dass all das, was die Piraten so besonders machte, was sie von anderen Parteien unterschied, in der Versenkung verschwand. Nach den Maßstäben eines ordentlichen Politikbetriebes waren solche Aufregungen sicherlich äußerst schädlich. Und sie führten in den nächsten Wochen und Monaten dann auch dazu, dass die Partei in den Meinungsumfragen weiter absackte. Aber hieß die Lösung deshalb, die Basis und die Exzentriker zum Schweigen zu bringen? Keine Ahnung. Jedenfalls wachte ich in jener Septembernacht vor der Landesmitgliederversammlung gegen zwei Uhr morgens auf, sah dem Schäferhund des Wachschutzes in die skeptischen Augen und hatte eine neue Lektion gelernt.

Lektion 14: Die Notwendigkeit von Peinlichkeiten und Skandalen

Gemessen an den großen Skandalen zeigt die Öffentlichkeit nur wenig Interesse an den Störungen und Peinlichkeiten, die die sogenannte Masse produziert. Du kannst dem entgegenwirken, indem du die Schlagzahl der politischen Betriebsstörungen erhöhst. Dazu musst du lediglich die Parteimitglieder zur Ordnung rufen, ihnen mit Disziplinierungsmaßnahmen drohen oder an ihre Vernunft appellieren, was garantiert mit quasi-pubertärem Widerspruch inklusive Verweis auf Meinungsfreiheit und Individualität beantwortet wird. Auf diese Weise kann deine noch junge Partei der Öffentlichkeit demonstrieren, wie sehr die Mitglieder untereinander zerstritten sind. Außerdem wird dadurch offen-

sichtlich, dass die Partei weniger ein Ort ist, von dem aus die Gesellschaft zu etwas Besserem verändert werden soll, sondern hauptsächlich der Heilung von sozialer Isolation und Einsamkeitsanfällen dient – und der Absonderung von asozialen Reflexen eine ideale Bühne bietet.

MEUTEREI

Oder wie man eine Partei ruiniert

Die Landesmitgliederversammlung

Es war der 15. September 2012, ein Samstag, und meine erste Großveranstaltung der Piratenpartei stand auf dem Programm. Martin Delius hatte sich vor einem Monat auf einer Mailingliste beklagt, dass niemand für den Landesvorsitz kandidieren wolle. Andere hatten vermutet, dass die Piraten, die in Frage kämen, sich ihre Kandidatur für den Bundestag aufheben würden, weil es da was zu verdienen gebe. Ein Piraten-Landesvorstand arbeitet ja ehrenamtlich, und da stößt auch piratischer Idealismus schnell an seine materialistischen Grenzen.

Folglich hatten Markus, Helmut, Hermann-Josef und ich eine Woche nach Martin Delius' Klage beim wöchentlichen Treffen der Q-Damm Piraten überlegt, ob einer von uns kandidieren sollte. Markus hatte den Kopf geschüttelt, weil er wegen der parteiinternen Angriffe auf ihn keine Chance mehr auf eine Karriere bei den Berliner Piraten sah. Hermann-Josef hatte grundsätzlich keine Lust, und Helmut grinste schelmisch. Dachte er da schon daran, dass er sich als Direktkandidat für die Bundestagswahl aufstellen lassen wollte? Also blieb ich übrig. Sollte ich wirklich? Zwischenzeitlich war ich in meinem Bestreben, in der Piratenpartei Karriere zu machen und es bis zum Bundesvorsitzenden zu bringen, ja ein wenig erschüttert worden. Wollte ich ernsthaft in das soziale Säurebad der Partei steigen? Wie in allen anderen Parteien galt doch auch hier: Mehr als der politische Gegner schlechthin wird nur noch der politische Gegner in der eigenen Partei gehasst. Aber dann dachte ich wieder, dass meine Kandidatur für das Amt des Landesvorsitzenden ein logischer und notwendiger Schritt auf dem Weg zur Rettung des Urheberrechts sein könnte. Damit war es entschieden, und ich verkündete wagemutig, dass ich kandidieren würde. Ohne zu wissen, was mich erwarten sollte …

Als ich beim Abendessen meiner Frau davon erzählte, sah sie mich freudestrahlend an.

»Sehr schön.«

»Ja? Meinst du wirklich?«

»Absolut.«

»Vielleicht kann ich dann doch noch verhindern, dass das Urheberrecht zugrunde gerichtet wird.«

»Klar, warum nicht? Und ich könnte eine großartige First Lady abgeben und endlich mit Michelle und Barack Obama Kaffee trinken. Meinst du nicht?«

Abgesehen davon, dass sie mich nicht ernst nahm, wurde ich doch nachdenklich. Was erwartete sie von mir? Und was erwartete ich von mir? Wieder tauchte die Frage auf, was ich im Falle meines Erfolges tun müsste, wie weit mein Leben sich ändern würde. Und wer ich dann wäre.

Da ich die Antwort darauf nicht wusste, war ich am entscheidenden Samstag um zehn Uhr morgens pünktlich zur Stelle – und schon wieder zu früh. Der Vorteil war, dass die Schlange vor dem Anmeldetisch noch überschaubar war. Aber es gab Probleme. Laut Computer stimmte irgendwas nicht mit meiner Akkreditierung. Ich musste also bei unserem Schatzmeister vorstellig werden, weil ich angeblich meine Beiträge nicht gezahlt hatte. Hatte ich auch nicht. Zumindest nicht vollständig: statt des Jahresbeitrags von 36 Euro nur den entsprechenden für neun Monate von 27 Euro. Dafür spendete ich aber. Jetzt stellte sich die Frage, ob ich an der Versammlung teilnehmen durfte, wenn ich zwar eventuell zu wenig Beitrag gezahlt hatte, aber 50 Euro pro Monat an meine Partei spendete? Der Schatzmeister versank eine Weile in den Tiefen der Piraten-Finanzen. Eine lange Weile. So lange, dass ich nervös wurde. Sollte meine Bewerbung für das Amt des

Landesvorsitzenden an 12 Euro scheitern? Ich lächelte den Schatzmeister an und verwies darauf, dass zum Zeitpunkt meines Eintritts nur 27 Euro gefordert worden waren. Am Ende blickte er von seinem Laptop auf, sah wieder auf die Dateien, dachte nach und winkte mich dann durch. So sind Piraten, dachte ich.

Der riesige Saal in der Universal Hall in Moabit war wie ein Bierzelt bestuhlt. Lange Reihen von Biertischen mit Holzbänken rechts und links. Auf den Tischen lagen Stromkabel, Mehrfachsteckdosen und jede Menge Infomaterial über die Partei. Ich steuerte schnurgerade auf die Bar zu, die sich etwas erhöht an der Seite des Saales befand. Dort blieb ich in der sicheren Position des überlegenen Beobachters stehen, die mir die Möglichkeit bot, jederzeit durch den Hinterausgang zu verschwinden. Auch wenn ein grässlicher Kaffee ausgeschenkt wurde, wäre ich dort am liebsten für den Rest der Veranstaltung geblieben. Oder noch weiter hinten, dort, wo die Toiletten waren. Ich gehöre nun mal nicht zu den Leuten, die auf einen Geburtstag oder eine Party oder irgendeine Versammlung gehen, sich in die Mitte des Raumes stellen und rufen: »Hört mal her, Leute, ich bin da. Habt ihr euch gelangweilt?« Ich bin eher der bescheidene und vorsichtige Typ. Auch wenn ich manchmal Entscheidungen treffe, die mich definitiv überfordern. Ich sage dann aus einem unerklärlichen Impuls heraus Dinge zu, ohne zu wissen, was auf mich zukommt und ob ich der Sache überhaupt gewachsen bin. Ich weiß nicht, woher ich das habe.

Auf alle Fälle schwitzte ich schon, bevor die Versammlung überhaupt begonnen hatte. Ich überlegte sogar, ob ich mir mit ein paar Bier Mut antrinken sollte, ließ von dem Plan aber wieder ab. Ruhig atmen, sagte ich mir. Du bist hier nicht bei Profis. Alle anderen können sich genauso blamieren wie du. Und außerdem, dachte ich, was soll schon passieren? Ich könnte die Wahl verlieren. Ich könnte mich lächerlich machen. Klar. Meine Autorenkollegen würden mich verhöhnen und demütigen. Ich könnte dann meine Karriere bei den Piraten abschreiben, die Piraten würden das Urheberrecht aushebeln, und am Ende hätte ich versagt. Ich schwitzte stärker.

Gegen halb elf füllte sich der Saal. Unser Bundesvorstand Bernd Schlömer tauchte auf und trieb sich ebenfalls an der Bar herum. Es war seltsam. Obwohl er von allen Piraten erkannt wurde, begrüßten ihn nur ein paar wenige. Auf alle Fälle war es nicht so wie bei anderen Parteien, wo der Vorsitzende pflichtgemäß mit Applaus und Hurra begrüßt wird. Und damit meine ich nicht nur die SED. Bis es elf Uhr war, trudelten noch ein paar andere Piraten-Promis ein, die natürlich nicht als solche tituliert werden wollten und mit der entsprechend unterkühlten Attitüde reagierten, wenn jemand ihren Namen rief.

Bei Hartmut Semken war es allerdings anders. Seit seinen ausgelassenen Äußerungen zu den Nazihassern innerhalb der Piraten war es vorbei mit Freundschaft und Parteikarriere. In solchen Dingen entwickelte meine Partei gerne eine radikale Gründlichkeit à la Ayatollah Khomeini inklusive der Aufforderung, sein Leben fortan in politischer Askese zu führen. Folglich wurde Hase die gesamte Veranstaltung lang ignoriert, als hätte er das Ebola-Virus. Irgendwie erinnerte mich das an die Rituale in meinem Heimatdorf, wo »Zigeuner«, Ehebrecher und Mitglieder des falschen Fußballvereins gerne ausgestoßen und verbal hingerichtet wurden.

Ganz anders lag der Fall bei Gerhard Anger. Im Juni 2012 war er schon einmal von dem Posten, für den er nun wieder kandidierte, zurückgetreten. Damals hatte er gesagt, die Piraten hätten ihr Transparenz-Versprechen nicht erfüllt und er sei von der Arbeit der Fraktion so enttäuscht, dass er nicht empfehlen könne, die Partei zu wählen. Aber das war wohl nicht so ganz ernst gemeint und wahrscheinlich nur ein ideologischer Schwächeanfall gewesen. Jedenfalls stand er jetzt wieder zur Verfügung, obwohl die Partei ihr Versprechen immer noch nicht erfüllt hatte. Als er, gefolgt von seinen gehorsamen Anhängern, den Saal betrat, wurde er wie ein Heilsbringer begrüßt. Natürlich mit der gebührenden piratischen Coolness und Distanz. Aber gemessen an der Zahl derer, die zu ihm kamen, ihn herzten und knuddelten (ja, wir Piraten sprechen von »knuddeln«, das sogar *nach* den Parteitagen zu erfolgen hat), war klar, dass die Basis ihn zu unserem neuen Berliner Anführer küren wollte.

Von Hermann-Josef hatte ich gehört, dass Anger im Vorfeld der Wahl eifrig für sich getrommelt hatte. Er hatte sich mit seinen Sympathisanten getroffen, Allianzen geschmiedet, Leute auf seine Seite gezogen und ihnen vermutlich sogar Posten versprochen, die es gar nicht zu verteilen gab. Es sollen selbst Gegenkandidaten im Vorfeld diskreditiert worden sein. Aber wie immer, wenn die Parteisoldaten sich in einen Anführer verlieben, wird vorübergehend das Gehirn aus- und das Becken angeschaltet. Die Anger-Fans waren gewillt, ihren Helden aufs Schild zu heben. Vermutlich dachte Anger auch tatsächlich, seine Wahl wäre eine sichere Sache, als er merkte, welche Sympathie-Welle ihm entgegenschwappte. Zwar nicht so groß wie bei Justin Bieber, aber für Piratenverhältnisse recht bemerkenswert. Doch da kannten er und die Basis ja auch noch nicht mein Programm. So einfach wollte ich es ihnen nicht machen. Im Gegenteil. Ich dachte, wenn die Piraten ihre Sache auch nur halbwegs ernst nahmen, wenn es ihnen wirklich um Basisdemokratie ging, müsste es zu einem erdrutschartigen Sieg für Uwe Wilhelm kommen.

Endlich – mit einer Stunde Verspätung – begann dann die Landesmitgliederversammlung (LMV). Ich entdeckte Markus und Helmut aus meiner Crew und setzte mich zu ihnen. Nach den üblichen Präliminarien wie Begrüßung und Eröffnung der Versammlung, Feststellung der Tagesordnung, Wahl der Kassenprüfer, Änderung der Tagesordnung und einem giftigen Disput zwischen den Abgeordneten Höfinghoff und Claus-Brunner waren gefühlte zwei Tage vergangen. Tatsächlich ging es aber erst auf Mittag zu. Wir waren noch endlos weit weg vom hauptsächlichen Anlass der Veranstaltung, meiner Wahl zum neuen Landesvorstand der Berliner Piratenpartei. Ich weiß, das war ein wenig hoch gegriffen, aber ich hatte ein gutes Gefühl, weil ich ja ein revolutionäres Wahlversprechen in der Tasche trug. Es lautete: Wenn ihr mich zum Vorsitzenden wählt, will ich alles tun, was in meiner Macht steht, damit die Piraten sich aus den Parlamenten zurückziehen und nicht für den Bundestag kandidieren!

Dass es am Ende mit der Revolution dann doch nicht so einfach war, lag daran, dass ich zu diesem Zeitpunkt noch nicht genug über die Mechanismen der Parteipolitik wusste.

Lektion 15: Warum man heimlich intrigieren muss

Wer Karriere in einer Partei machen will, muss vor allem zwei Dinge beherzigen. Erstens: Es ist nicht wichtig, was du gestern gesagt hast. Wenn deine Aussagen im krassen Widerspruch zu deiner derzeitigen Haltung stehen, erkläre es damit, dass du gelernt hast. Gebe dich reumütig und vor allem lernfähig. Zweitens: Suche Verbündete, tue ihnen einen oder mehrere Gefallen. Versprich deinen Verbündeten gute Posten, wenn die alte Parteiführung erst entmachtet ist. Predige die wahre innerparteiliche Demokratie, aber arbeite darauf hin, dass du *die wahre innerparteiliche Demokratie anführst. Denke daran, dass der parteiinterne Gegner stets gefährlicher und bedrohlicher ist als jeder parteiexterne, weil er deine Karriere gefährden kann, um die es dir eigentlich gehen sollte. Sei also vordergründig freundlich und intrigiere heimlich. Auch ist es hilfreich, entschieden allen Gerüchten entgegenzutreten, die deine parteiinternen Gegner diffamieren. Wenn bisher niemand vor dir diese Gerüchte kannte, sage, du hättest gewisse Informationen und du wolltest den Anfängen wehren. Noch besser ist es natürlich, wenn du selbst die Gerüchte in die Welt setzt.*

Die Vorbereitung der Revolte

Da ich all dies zum Zeitpunkt meiner Kandidatur nicht wusste, dachte ich, ich könnte allein mit einem klugen, revolutionären Programm die Herzen meiner Piraten erobern. Ich hatte deswegen lange am Text gearbeitet und erst in der Nacht vor der Versammlung endlich die entscheidenden Fürsprecher für meine Kandidatur gefunden. Der eine war der Soziologe Robert Michels. Er war schon 1936 gestorben und war auf der Suche nach der Wahrheit von den Linkssozialisten in der SPD über den Syndikalismus zum italienischen Korporatismus gestoßen. Korporatismus heißt, dass Kapitalisten und Arbeiter die Löhne in friedlichem Einvernehmen aushandeln. Zumindest stand es so bei Wikipedia. Und entweder hatten die bei Wikipedia was falsch verstanden, oder Michels litt an Alterssenilität.

Wie auch immer, er hatte jedoch genau das geschrieben, was ich für meine Argumentation brauchte. Nämlich, dass eine Partei eine starke Führung benötigt, um Schlagkraft auszubilden. Dafür entwickelt sie Spezialisten und Machtmenschen. Tut sie das nicht, geht sie im politischen Prozess unter. Allerdings geht mit der Spezialisierung auch die Distanzierung von der Basis einher. Der Erhalt der Macht wird das primäre Ziel, das Wohl der Organisation tritt in den Hintergrund. Es bildet sich eine Herrschaft der Bürokraten aus, die nicht mehr für die Politik leben, sondern von ihr. Michels vermutete, dass jede Organisation, gleich, wie demokratisch oder autokratisch sie zu Beginn gewesen sein mochte, letztendlich zur Bildung einer Oligarchie führen müsse.

Dann fand ich noch bei meinem Mit-Piraten Aleks Lessmann die erhellende Erkenntnis, »dass jede politische Bewegung irgendwann in Politikverwaltung umschlägt«. Wenn die Piraten das wissen, fragte ich mich, wieso begeben sie sich dann überhaupt in den Parlamenten auf das Feld der Politik? Etwa, um auch so zu werden wie die Grünen, die SPD, CDU, FDP? Oder weil sie, wie meine Frau analysiert hatte, Posten haben wollten? Weil sie auf Karriere aus waren? So wie ich? Auf alle Fälle war es genau das, was ich für meine Rede brauchte, abgesehen von einer deutlichen Aussprache und der Vermeidung übermäßigen Schwitzens. Angeblich kommunizieren wir Menschen nur zu 7 Prozent verbal und die restlichen 93 Prozent über Stimme und Körper, wozu auch der Körpergeruch gehört. Ich verzichtete deswegen schon seit Tagen auf den Verzehr von Knoblauch und Zwiebeln. Allerdings wusste ich auch, dass ein sympathischer Körpergeruch und vernünftige Argumente nicht genügten. »Piraten raus aus den Parlamenten« war eine steile These, die ebenso steil abstürzen konnte, wenn ich den Piraten keine attraktive Alternative anbieten konnte, die die Affekte ansprechen würde. Aber welche sollte das sein?

Und dann war das Aufzeigen einer politischen Alternative noch nicht mal mein größtes Problem. Ich scheiterte im Vorfeld auch daran, der Partei auf der entsprechenden Seite im Internet mein revolutionäres Vorhaben mitzuteilen. Nach dem ersten Versuch war mein Text im Kandidatenwiki zwischen zwei Textblöcke gerutscht und sah wie das aus, was es war: der Versuch eines Trottels, das Wiki zu benutzen. Inzwischen hatte ich aber von den Piraten gelernt, wie man eine Problemübertragung bewerkstelligt. Ich schrieb eine Mail an die Geschäftsstelle und bat um Hilfe. Doch die Geschäftsstelle reagierte nicht. Für einen Moment blühte eine leichte Paranoia in mir auf. Die Geschäftsstelle wusste, dass ich kandidierte, irgendwer hatte den ersten Entwurf meiner Rede gelesen, erkannt, dass ich eine ernstzunehmende Gefahr für Anger darstellte, und ließ mich nun im Regen stehen. Also mailte ich Helmut an und bat ihn, mir zu helfen. Immerhin hatte er ja einen gewissen Anteil daran, dass ich mich zur Wahl stellte. Wir trafen uns in einem Café, und er konnte das Problem so schnell lösen, dass ich mich für meine Unfähigkeit schämte. Noch mehr schämte ich mich allerdings, als er mich nach meiner Rede fragte. Die hatte ich nämlich immer noch nicht fertig.

Die revolutionäre Rede

Ich hatte im Internet ein paar Hinweise zum Thema gefunden. Churchill meinte etwa, eine gute Rede sei eine Ansprache, die das Thema erschöpfe, aber keineswegs die Zuhörer. Balzac dachte, wer viel rede, glaube am Ende, was er sage. Ciceros Satz: »Reden lernt man durch reden« kam etwas spät. Dann schon eher Muhammad Ali: »Ich weiß nicht immer, wovon ich rede. Aber ich weiß, dass ich Recht habe.« Einen Tag vor der LMV lag ich um drei Uhr morgens auf dem Sofa, las mir laut vor, was ich aufgeschrieben hatte, und merkte, dass es Schriftsprache war, die ausgesprochen geschwollen und langatmig wirkte und zudem auch kaum zu entziffern war. Ich hatte den Text während meiner täglichen Joggingrunde rund ums Kanzleramt geschrieben. Ich rannte da ziellos herum, weil ich eine Stelle suchte, wo ich wie Gerhard Schröder am Gitter rütteln und »Lasst mich rein!« rufen wollte. Dann schrieb mir Helmut auch noch zu allem Überfluss, dass mir wahrscheinlich nur fünf Minuten Redezeit zur Verfügung stünden. Ich hatte mich bei meiner Rede jedoch an Fidel Castro orientiert und mehr als drei Stunden, Ein- und Ausatmen nicht mitgezählt, veranschlagt. Ich ging also an den Computer und kürzte.

Erst mal musste alles raus, was weitschweifig war, dann die Sätze, die nicht unbedingt nötig waren, dann die guten Formulierungen, zum Schluss die Adjektive. Jetzt musste nur noch jeder Satz auf den Punkt sein, und die Rede war fertig. Doch sie dauerte immer noch fünfzehn Minuten. Das bedeutete, ich musste die mühsam zusammengeklauten Zitate aus den Handbüchern des Anarchismus, der Psychologie, der Soziologie und der Bildzeitung weglassen. Noch sechs Minuten. Lange Sätze kürzen. Pointen und Witze raus. Was war mit den Verben? Mehr Schlagwörter, weniger Argumente. Alle fundierten Aussagen gingen zu Boden. Und dann war die Rede endlich nur noch fünf Minuten lang, dafür war es aber bereits drei Uhr nachmittags. Ich hatte zwölf Stunden für eine kurze Rede benötigt! Aber immerhin sollte sie auch den Beginn meines Siegeszuges durch die Piratenpartei markieren.

Die Wahl der Qual

Am darauffolgenden Sonntag wurde ich dann gegen Mittag zusammen mit sechs anderen Kandidaten auf die Bühne gebeten, damit die Berliner wenigstens einmal sehen konnten, wer ihr zukünftiger Landesvorstand sein würde. Der aussichtsreichste Kandidat hieß natürlich Gerhard Anger. Außerdem waren da noch Gerwald Claus-Brunner, der für die Piraten im Berliner Abgeordnetenhaus saß, Michael Hartung, ein Berliner Kleinunternehmer, der bei seiner Kandidatur zum Landesvorsitz im Piratenwiki verkündete, wenn Adlige ihr Vermögen oder ihre Herkunft ins Spiel bringen, »dann geht man am besten die Guillotine« holen, und wir vier übrigen No-Name-Kandidaten. Wir mussten uns in einer Reihe aufstellen, und dann bekam jeder großzügig drei Minuten Redezeit, um sein Wahlprogramm, seine Idee von der Partei mitsamt seiner politischen Vision vorzustellen. Drei Minuten bedeuteten, dass ich meine Rede noch einmal um zwei Minuten kürzen musste (siehe oben!).

Die Redner vor mir wollten entweder die Partei neu organisieren oder die Verwaltung straffen; letztlich Liquid Feedback so gestalten, dass es für alle zur Verfügung stand, und sich gegen den Bundesvorstand absetzen; oder auch die Linke stärken oder schwächen, aber vor allem ein Vorstand für alle Piraten sein und eben die Guillotine wieder einführen. Und dann war ich dran. Ich sah kurz zu Miriam Seyffarth, die die Versammlungsleitung innehatte, und wollte wissen, ob ich zehn Sekunden mehr Redezeit bekommen könnte. Sie antwortete nicht, doch ich konnte ihrem frostigen Blick entnehmen, dass das nicht möglich war, weil die zehn Sekunden für wichtigere Dinge gebraucht wurden. Wie zum Beispiel die

Änderung von Tagesordnungsanträgen zur Änderung von Tagesordnungsanträgen. Inzwischen hatte sie auch schon die Kontrolluhr gestartet, und es waren fünfzehn Sekunden vergangen, ohne dass ich auch nur ein Wort gesagt hatte. Na gut, dachte ich, spreche ich eben etwas schneller und kürze unterwegs einige Sätze aus der Rede heraus. Das funktionierte auch ganz gut, wobei ich nicht sicher bin, ob mein eigentliches Anliegen dadurch deutlicher wurde.

Ich gebe im Folgenden die finale Version wieder, ohne die Striche, die ich machen musste, während ich auf der Bühne stand und die Rede so hielt, dass ich das Zeitlimit von drei Minuten nicht überschritt:

Warum ich für den Landesvorsitz kandidiere

»Ahoi, Piraten! Ich heiße Uwe Wilhelm, und ich kandidiere für das Amt des Landesvorsitzenden. Ich bin seit April 2012 Mitglied der Piratenpartei und will euch kurz erzählen, wie es dazu kam. Meine Geschichte ist eure Geschichte. Eine lange Geschichte von Enttäuschung, Frustration, Desillusionierung und Entmutigung angesichts der Politik. Und eigentlich hatte ich mich auch schon eine Weile in der allgemeinen Resignation eingerichtet, bis ich im Vorfeld der Abgeordnetenhauswahl 2011 auf die Piraten aufmerksam geworden bin. Da waren plötzlich Menschen, die respektlos gegenüber Regeln waren, frech, unverschämt, vorlaut und angriffslustig aufgetreten sind, offen eingestanden haben, dass sie etwas nicht wissen, was die anderen auch nicht wissen.« (*Zaghafter, vorsichtiger Applaus*)

»Das war sympathisch, es war cool, und es war für mich neu. Heute, nach sechs Monaten bei den Piraten, muss ich sagen, wir liegen gewissermaßen vor dem Hafen von Madagaskar und haben die Pest an Bord. Nach Gesprächen in meiner Crew, der P9, auf der Flauschcon, im »Kinski« stelle ich fest, dass viele Piraten genauso wie ich enttäuscht sind, weil sie nicht wissen, wie es weitergehen soll. Und das liegt vor allem daran, dass diejenigen, die wir in die Parlamente gewählt haben, nicht das tun, was wir alle erwartet haben. Vielleicht können sie es nicht, vielleicht wollen sie es nicht. Keine Ahnung.« (*Vereinzelter Applaus, stärkere Unruhe, Lachen, weil Christopher Lauer einen Witz gerissen hatte.*)

»Der Soziologe Robert Michels sagt: ›Der Erhalt der Macht wird das primäre Ziel, das Wohl der Organisation tritt in den Hintergrund. Es bildet sich eine Herrschaft der Bürokraten aus, die nicht mehr für die Politik leben, sondern von ihr.‹ Und genau auf diesem Weg sind die Piraten. Marina Weisband hat es geahnt, als sie meinte: ›Wisst ihr noch, als wir gesagt haben, es würde irgendwann schwierig werden, wir selbst zu bleiben? Jetzt fängt das an.‹ Auch wir Piraten merken, dass es mit der egoistischen Selbstabrüstung nicht so recht funktioniert. Niemand entkommt aus dem heiligen Gral des Ich, der Verlockung der Macht und der Verheißung auf Karriere. Der Marsch durch die Institutionen, liebe Piraten, endet stets in der Depression.« (*Kein Applaus, dafür höhnische Zwischenrufe*)

»Doch wenn Anpassung das ist, was uns erwartet, sobald Piraten in den Parlamenten sitzen, dann sollte die Piratenpartei sich in Staatspiratenpartei umbenennen. Oder in Freibeuter. Das waren nämlich die, die im Auftrag des Königs unterwegs waren. Das waren die ordentlichen Staatspiraten, die vernünftigen, diejenigen, die pragmatisch waren und erkannt haben, dass Piraterie ungesetzlich ist und gegen Regeln verstößt. Diese Staatspiraten gibt es auch bei uns. Sie kanalisieren unseren Protest, unsere Wut und unsere Energien in die Parlamente, wo sie selbst und alle unsere Ideen von den Konventionen rundgeschliffen werden. Und dann wird die Partei zum Totengräber einer Bewegung.« (*Zwischenrufe: Aufhören, Blödsinn, was will der?*)

»Warum kandidiere ich nun für das Amt des Landesvorsitzenden?« (*Zwischenruf: Ja, das fragen wir uns auch!*) »Weil ich mithelfen will, die Piraten zu einer Bewegung zu machen, die unsere Gesellschaft tatsächlich verändern kann.« (*Zwischenruf: Ach was! Tatsächlich? Ach so.*) »Weil ich euch daran erinnern will, wie die Piraten vor ein paar Jahren losgesegelt sind, weil ich euch daran erinnern will, wer ihr einmal sein wolltet! Weil ich will, dass die Piraten von den Häfen der Parlamente fernbleiben, weil wir gewissermaßen eine APO 2.0 sein sollten, in einem digitalen Meer, auf dem freie Piraten irregulär unterwegs sind.« (*Zwischenruf: Der kommt doch von der FDP!*) »Wenn das gelingt, wird sich ein großer Teil der Kakophonie, die die Piraten befallen hat, von selbst auflösen.« (*Von nun an erhebliche Unruhe, die von der Versammlungsleitung nur halbherzig unterbunden wird.*)

»Denn wir wissen doch, dass im Internet zum ersten Mal die Machtfrage gestellt wird. Wikileaks, die aufdecken, wie die Amerikaner und die Diktatoren im Maghreb verbandelt sind, Guttenplag, Anonymous, die die ägyptischen und lybischen Rebellen unterstützen.« (*Weitere höhnische Zwischenrufe, Stühlerücken, Bewegung hin zur Kaffeetheke*)

»Die Veröffentlichung von Informationen über geheime Machenschaften ist die wahre demokratische Aktion unserer Zeit. Sie versetzt die Menschen in die Situation des Wissens und die Politiker in den Zwang, die Wahrheit zu sagen. Jetzt können Menschen entscheiden, ob sie demonstrieren, ob sie sich an Shitstorms beteiligen, ob sie im Internet eine Bewegung sind.«

(*Ich merke, dass mir außer meiner Crew kaum noch jemand zuhört. Aber ich rede weiter und gestikuliere und betone und warne vor dem falschen Weg und verspreche eine bessere Zeit.*)

»Und deshalb liegt für mich die wahre Macht in dem lebendigen, unbeherrschbaren, streitlustigen Schwarm, der sich 24 Stunden täglich, 365 Tage im Jahr im Internet bewegt, bei den Leuten, die in Crews organisiert sind und Schweinereien in ihren Stadtteilen aufdecken, den Bürokraten auf die Nerven gehen, ihren politischen Vertretern in den Hintern treten, Websites hacken und Dokumente ins Netz stellen, Shitstorms losschicken.« (*Die Aufmerksamkeit im Saal sinkt gegen null.*)

Und dann waren die drei Minuten um und ich immer noch nicht fertig. Die versammlungsleitende Miriam forderte mich auf, das Mikro sofort zu verlassen, ich unterbrach und bat darum, die letzten drei Sätze noch schnell sagen zu dürfen. Miriam schüttelte den Kopf, ich sprach einfach weiter.

»Wir stehen an einem Scheideweg, liebe Piraten. Da gibt es den einen Weg, es ist der übliche Weg, der vom Marsch durch die Institutionen handelt, vom Gang in die Parlamente ...«

Miriam stand auf, ich sprach weiter.

»... die bisher noch jeden korrumpiert und erschöpft haben, dorthin, wo das Mittelmaß Triumphe feiert ...«

Miriam blaffte mich an, ich ließ mich davon nicht beeindrucken.

»... und es gibt den anderen, schwierigeren Weg, der sich nicht den Regeln der Macht beugt.«

Miriam drehte dem Mikrophon den Saft ab, kam auf mich zu, baute sich vor mir auf und sah mich in einer Weise an, dass ich nicht wusste, ob ich salutieren, niederknien oder mich selbst entleiben sollte. Mit einem letzten Rest an Selbstachtung rief ich den Rest meiner Rede trotzig in den Saal und hatte dadurch erreicht, was für Miriam der finale Gipfel der Disziplinlosigkeit war und Anlass, körperlich aktiv zu werden. Sie schob mich energisch vom Mikro weg. Ich taumelte und fragte sie, ob sie mich nun ob meiner Unfolgsamkeit verprügeln müsste. Sie sah mich mit hochgezogenen Augenbrauen an, dachte kurz über diese Möglichkeit nach, entschied sich dann aber glücklicherweise dagegen. Ich war dankbar und schlich von der Bühne herunter, um Platz für den nächsten Kandidaten zu machen.

Falls es jemanden interessieren sollte: Der Teil der Rede, den ich ohne Mikro in den Saal rief, lautete: »Dieser Weg aber, und das weiß ich ganz sicher, ist der richtige Weg unserer Zeit, es ist der richtige Weg der Menschen, die ich hier vor mir sehe, der richtige Weg der Piraten. Ich danke euch für eure Aufmerksamkeit. (*Nur Markus und Hermann-Josef klatschen, der Rest kümmert sich um andere Dinge.*)

Nach mir (oder war es vor mir) kam Anger dran. Die Aufregung hatte meine Wahrnehmung getrübt, und ich hörte nur mit halbem Ohr, was er sagte. Er schwor die Partei auf Einigkeit und Reform und Transparenz und Teilhabe ein. Eben all das, was man sagen muss, wenn man Erfolg haben will ...

Lektion 16: Wie man Parteimitglieder austrickst

Wenn du eine Rede halten willst, achte darauf, die Partei nicht zu sehr herauszufordern. Sage nur das, was alle schon wissen, beschimpfe den politischen Gegner und lobe die Basis. Denke dran, dass die Partei erst in zweiter Linie angetreten ist, die Gesellschaft zu verändern. In erster Linie geht es in allen Parteien darum, die eigene Klientel zu befriedigen. Bei den Piraten sind es die Filesharer, bei der FDP die Hoteliers und Apotheker, bei den Grünen die Lehrer und Beamten, bei der CDU die Mittelständler, bei der SPD eigentlich niemand mehr. Rede deinen Zuhörern also nicht ins Gewissen und nehme hie und da einen Fehler auf dich, das macht dich menschlich und sympathisch. Mache deutlich, dass du fleißig bist. Wenn du nicht fleißig sein willst, dann finde Mitarbeiter, die fleißig sind und sich für dich aufreiben. Wenn du ein Mann bist, bevorzuge als Mitarbeiter Frauen, die in dich verliebt sind oder deine Intelligenz/Entschlossenheit/Rücksichtslosigkeit/Andersartigkeit bewundern oder ein schweres Helfersyndrom haben oder alleinerziehende Mütter sind oder sich sonst in einer wirtschaftlich prekären Lage befinden. Wenn du eine Frau bist, bevorzuge als Mitarbeiter Männer mit einem ausgeprägten Mutterkomplex oder solche, die sich für Genderfragen interessieren oder die ein schlechtes Gewissen haben, weil Frauen benachteiligt sind, oder die sexuell gehemmt oder schwul sind.

Die übliche krachende Ohrfeige

Später meinte der Technikbeauftragte der Berliner Piraten, ich habe mich nicht an die Regeln gehalten und Miriam Prügel angedroht. Aber das stimmte nicht. Da in mir ein kleiner Macho wohnt, könnte ich so etwas niemals tun.

Als alle sieben Kandidaten ihre drei Minuten geredet hatten, Gerhard Anger etwas länger, weil er ja ein Pirat der ersten Stunde war, wurden wir »gegrillt«. Überraschenderweise wurde ich am häufigsten von allen Kandidaten aufgerufen, was ich als kleinen Triumph verbuchte. Vor allem Lauer tat sich vor. Er stellte fest, dass ich den Brandbrief der Tatort-Autoren unterzeichnet habe, und wollte wissen, wieso ich ihn vor einigen Wochen entgegen meiner Ankündigung nicht angerufen habe. Höfinghoff giftete Brunner an, Brunner giftete zurück, und alle Kandidaten wiederholten das, was sie schon in ihren Reden gesagt hatten. Dann wurde gewählt.

Das Ergebnis war leider keine Überraschung. Gerhard Anger holte 67 Prozent der Stimmen, während ich das Gegenteil eines Erdrutschsieges einfuhr. Es war eher eine Erdrutschniederlage. Nur vierzehn Leute hatten mich gewählt, das waren gerade mal 4,78 Prozent und das schlechteste Ergebnis. Noch schlechter sogar als das des Kandidaten mit der Guillotine. Später tröstete mich meine Frau damit, dass Jesus Christus, Galileo Galilei und Dieter Bohlen auch hart kämpfen mussten, bevor sie eines Tages gehört wurden. Ein weiterer Trost kam von meinem Crew-Kapitän Markus, der wusste, dass ich so wenig Stimmen erhalten hatte, weil diejenigen, die mir eigentlich zustimmten, Gerhard Anger gewählt hatten, damit nicht Brunner und der Guillotine-Pirat Landesvorsitzender wurden. Ich akzeptierte die Erklärung, obwohl ich mir natürlich 99,5 Prozent Zustimmung zu meinem revolutionären Antrag gewünscht hatte.

Als die Veranstaltung zu Ende war, begegneten mir vor dem Saal solidarischer Hohn und Sarkasmus. Ob ich ein Schläfer sei, vom Verfassungsschutz, vom *Spiegel*, von den Faschisten oder

der Linken geschickt. Ich verneinte jede dieser Möglichkeiten und wollte noch einmal erklären, dass es mir durchaus ernst war mit der Basisdemokratie, die keine parlamentarische Vertretung brauchte. Doch das wollten die Machtfanatiker nicht hören. Ich erhielt allerdings auch Zuspruch: »Hör nicht auf, mach weiter, du hast ja Recht.« Derart gefühlsverwirrt fuhr ich nach Hause. Die *Taz* schrieb am nächsten Tag: »Auch sonst präsentieren die Kandidaten ein breites Spektrum. Bewerber Uwe Wilhelm, einst im Spartakus-Bund, fordert den Nichtantritt der Piraten zur Bundestagswahl, einen Rückzug auf die digitale Internetopposition.« Eine andere Zeitung schrieb, ich sei erbärmlich gescheitert. Ich wollte das nicht so dramatisch sehen. Ich fand, ich hatte einfach nur versagt.

Aber ich bekam auch ein paar Anregungen für meine Arbeit. Als Autor kann man ja aus Niederlagen, Kränkungen und Demütigung hervorragende Motivationen für Geschichten ziehen. Und die Leute, die mir bei der Wahl begegnet waren, gaben gute Vorbilder für Charaktere ab. Vor allem Christopher Lauers Auftritt hatte mich nachhaltig beeindruckt. Er wäre in Campbells Charaktermythologie der »Trickster« und durch seinen zwiespältigen Charakter definiert. Der »Trickster« bricht Regeln, um den Menschen Gutes zu tun, aber auch, um Konflikte zu provozieren. Ich erfand eine weitere Figur für mein fiktives Ensemble.

Der rebellische Star

Als Olaf die Augen öffnet, ist es immer noch hell. Vier Uhr nachmittags. Er erhebt sich aus dem Schreibtischstuhl und trinkt die Flasche Club Mate aus. Plötzlich muss er lachen. Während des kurzen Mittagsschlafs hat er geträumt, er wäre in seiner Partei aus- und bei den Grünen eingetreten. Und zwar sofort und bis in alle Ewigkeit, oder bis die Partei sich endlich entschließen kann, ihn zu lieben. Je nachdem, was früher eintreten wird. Oder war es die CDU? Er kann sich nicht mehr erinnern. Auf alle Fälle haben die ihm im

Traum einen exzellenten Listenplatz versprochen mit garantiertem Einzug in den Bundestag. Und das ist auch gut so. Immerhin ist er Berufspolitiker, ein brillanter Denker und noch besserer Redner. Nichts macht ihm mehr Spaß, als vor den Abgeordneten seine Show abzuziehen und mit rhetorischen Finten seine Gegner vorzuführen. Und im Grunde, denkt er, kann es ihm egal sein, ob er das als Pirat, Linker oder Grüner tut. Wenn es sein muss, auch als Sozi. Die Hauptsache ist doch, dass die Menschen ihm zuhören und erkennen, dass er das Richtige denkt, sagt und tut.

Aber wie sieht die Wirklichkeit aus? In seiner eigenen Partei werfen sie ihm vor, er sei ein narzisstisch beschädigter Charakter. Ja und? Kann man ohne Selbstliebe ein Politiker sein? Kann man nicht. Er weiß es. Seine Freundin weiß es. Ein paar Speichellecker in der Partei wissen es. Aber niemand weiß es zu schätzen. Letzte Woche zum Beispiel wurde er von keiner einzigen Zeitung interviewt. Doch eines Tages werden sie erkennen, wer er ist und wozu er fähig sein kann. Dann werden sie ihm folgen wie Kinder einem Vater. Er hat es bei Freud gelesen. Alles, was er tun muss, ist, die Basis zu verachten. Die Folge wird sein, dass sie ihn umso mehr liebt, weil sie seine Ich-Stärke bewundert und sie ebenfalls für sich haben will. Das ist ein kindlicher Reflex und eine Übertragung des Wunsches, dem abweisenden, abwesenden Vater Zuneigung zu entlocken, indem man ihn verherrlicht und bewundert. Vielleicht muss er selbst seine Partei daran erinnern, was sie an ihm hat.

Doch vermutlich würden die Deppen das jetzt nicht hören wollen. Niemand würde es hören wollen. Weder die Evolutionsbremsen im Vorstand, noch die Steckdosenbefruchter im Landesparlament noch die Aushilfsamöben an der Basis. Weil es ihrer Vorstellung von Basis und Demokratie und Gleichheit widerspricht. Und weil sie nicht in der Lage sind, die Wahrheit zu verstehen. Ja, das ist es. Das Los eines jeden Genies lautet, verkannt, missverstanden und verachtet zu werden. Oder wie es ein anderer, ebenfalls unvergleichlicher Geist einmal gesagt hat: »Ein Prophet gilt nirgends weniger als in seinem Vaterland und in seinem Haus.«

Deshalb wurde er ja auch von seiner eigenen Basis ans Kreuz genagelt. Also nicht er, sondern dieser ebenfalls brillante Geist, der einige Jahrhunderte später die Ikone einer weltumspannenden Bewegung wurde. In jedem verdammten Versammlungsraum (Kirche) hängt Jesus seitdem groß und fett und wird angebetet. Ob er selbst das auch erreichen wird? Die Ikone seiner Partei! Der Prophet, der Befreier, der Messias. Mit Sicherheit. Die Frage ist nur, wann? Nach seinem Tod? Nein, das wäre unbefriedigend. Dann würde er ja nichts mehr davon mitbekommen. Und er könnte auch nicht kontrollieren, ob er wirklich die Ikone wäre. Nein, er will den Platz am Kreuz schon zu Lebzeiten einnehmen.

Deshalb muss er zeigen, dass er über die gewöhnlichen, normalen Menschen hinausstrebt, dass er über einen Überschuss an Lebenskraft und Willen zur Macht verfügt. Und dass er über besonders grausame Techniken asiatischer Selbstbeherrschung verfügt. Weshalb er all die Niederschläge und Demütigungen wegsteckt als Training seiner Frustrationstoleranz. Denn er weiß, dass er als Genie die Aufgabe hat, das Mittelmaß anzuleiten, es in eine bessere Zukunft zu führen (notfalls auch gegen den mittelmäßigen Willen und Widerstand). Deswegen ist er hemmungslos laut und rücksichtslos elitär. Lässt die andern wissen, dass er ihnen überlegen ist und sie verachtet. Vermutlich ist er sogar hochbegabt, seine Eltern haben ihn leider nie testen lassen, und heute hat er Angst, dass das Ergebnis des Testes enttäuschend ist. Aber gefühlt hat er einen IQ von mindestens 130.

Deswegen wird er jetzt ein Buch schreiben. Aber nicht so ein politisches Poesiealbum wie die Weisband oder ein unterleibsanarchistisches Bekenntnisbuch wie die Schramm. Nein, sein Buch wird mehr sein, kategorischer Imperativ, die hundert Gebote, das ewige Wissen. Und zusammengesetzt aus allem, was er jemals auf Twitter an ewigen Aphorismen hinterlassen hat. Den ersten Satz hat er schon fertig. Er hatte den Satz ursprünglich an einem Sonntag im November geschrieben. Einfach so, aus einer Laune heraus. Kurz nach dem Erwachen aus dem Dunkel eines Traumes. Der Satz lautet:« Hallo, bin aufgewacht.« Jetzt brauchte er nur noch 1336 weitere Sätze.

Der Bundesparteitag

Einen Tag nach meinem erbärmlichen Scheitern als potentieller Landesvorsitzender erhielt ich von meinen Autorenfreunden ein paar rituelle Aufmunterungsanrufe, die ebenso gut gemeint wie hämisch waren. Man tröstete mich, meinte aber, dass das Desaster doch abzusehen gewesen sei. Meine Rede habe keinen Esprit gehabt, ich hätte wissen müssen, dass die Piraten genauso obrigkeitshörig sind wie alle anderen Deutschen. Und vor allem wollten meine Kollegen, die mir noch vor ein paar Wochen totale Unterstützung zugesagt hatten, natürlich wissen, was ich nun tun würde. Nun, was sollte ich schon tun? Auf alle Fälle nicht aufgeben. Und vor allem nicht auf Autoren hören.

Die klügste Kritik an meinem Auftritt kam allerdings von meiner sechzehnjährigen Tochter.

»Du willst das Urheberrecht verhindern.«

»Nein, ich will verhindern, dass es zum Nachteil der Künstler verändert wird.«

»Von mir aus. Deshalb wolltest du Landesvorsitzender werden.«

»Ja.«

»Und in deiner Rede hast du gesagt, dass Karriere und Bundestag Quatsch sind.«

»So ungefähr.«

»Okay. Und wo wird über das Urheberrecht entschieden?«

»Im Bundestag.«

»Irgendwie nicht sehr klug, oder?«

Sie hatte Recht. Es gab da einen inneren Widerspruch, der unauflösbar war. Ich wusste es von Anfang an. Aber wie sonst hätte ich der Basis sagen können, dass Ämter überflüssig sind? Um den König zu stürzen, braucht es einen Antikönig. Oder gab es noch einen anderen Weg? Wenn ja, wusste ich nichts davon. Also musste ich weitermachen.

Für den 24. und 25. November, zwei Monate nach der Landesmitgliederversammlung, hatte sich die Piratenpartei in

Bochum zu ihrem Bundesparteitag verabredet. Das hieß, ich bekam eine zweite Chance, um die Piraten daran zu hindern, in den Bundestag einzuziehen. Ich formulierte meine Rede vom Landesparteitag in einen Satzungsänderungsantrag um und stellte ihn ins Bundesparteitags-Antrags-Wiki, also die Seite im digitalen Dschungel der Piratenverwaltung, die genau dafür reserviert war. Diesmal mit Hilfe von Markus. Denn ich glaube nicht, dass das Internet und ich jemals eine tiefe Freundschaft haben werden. Zumindest keine, die über mein E-Mail-Account und Google hinausgeht.

Dann fuhr ich nach Bochum zum Bundesparteitag, um den erwarteten 2000 Bundespiraten noch einmal zu erklären, warum sie nicht in den Bundestag und auch in kein weiteres Landesparlament einziehen sollten. Ich hoffte, ich könnte in Bochum ein paar Unterstützer für meine Idee finden und sie wie einen Virus an der Basis verbreiten. Aber wie so oft, wenn es um die Piraten ging, kam alles anders als geplant. Es lief ein wenig nach dem Motto: Wenn du Gott zum Lachen bringen willst, erzähle ihm deine Pläne. Vorher gab es allerdings noch ein unterhaltsames Theaterstück zu sehen.

Bernd und Johannes bei der Paartherapie

Am Vorabend des Parteitages waren die beiden Exponenten Bernd Schlömer und Johannes Ponader im Bochumer Jahrhunderthaus zusammengekommen, um die Piraten-Einheitspartei auszurufen. Die Veranstaltung erinnerte mich an eine Sitzung bei einem Paartherapeuten, die ich vor Jahren mit einer Freundin absolviert hatte. Wir saßen damals in weißen Sesseln in einem Zimmer mit weißem Teppichboden und weißen Wänden vor einem weiß gekleideten Therapeuten. Wir sollten alles auskotzen (nur im übertragenen Sinne), was uns am anderen störte, und wie zwei Sechstklässler klären, wer wann womit und warum angefangen hatte. Unser Therapeut lächelte zwar wie ein tibetanischer Mönch kurz vor der vollendeten Verblödung, hatte aber heimlich eine satanische Lust daran, uns in immer tiefere Abgründe aus Missverständnissen und Vorwürfen zu treiben. Zehn Minuten vor Ende der Stunde wussten wir, dass a) die Beziehung unheilbar zerrüttet war und b) ich die Hauptverantwortung dafür tragen sollte. Das war nicht tragisch. Ich hatte ohnehin nicht viel von der Beziehung gehabt, also war es in Ordnung, wenigstens die Schuld zu haben. Dummerweise hatte ich aber zehn Sitzungen im Voraus bezahlt, und der Therapeut ließ nicht mit sich verhandeln.

Ähnlich verlief es an diesem Freitag vor dem Bundesparteitag. Schlömer und Ponader »kotzten« sich aus und begannen jeden Satz mit »Bernd« und »Johannes«, als wollten sie damit verhindern, dass ihnen andere, aufrichtigere Anreden herausrutschen könnten. Sie waren nämlich unübersehbar bestrebt, Harmonie zu behaupten. Wie die Warteschleife bei Vodafone bemühten sie sich darum, ihren Piratenkindern zu versichern, dass alles okay sei, dass Mama und Papa sich ausgesprochen und immer noch lieb hätten. Papa Bernd hatte es natürlich nicht so gemeint, als er sagte, Mama Johannes solle arbeiten gehen. Und Mama Johannes versicherte, dass sie nur das Wohl der Piratenkinder sowie das gemeinsame Ziel im Auge habe und Papa Bernd deswegen nicht böse sein könne.

Es wirkte wie eine unfassbar verlogene Märchenstunde, bei der einige Piraten zwar wussten, dass hier professionell geheuchelt wurde, letztlich aber keinen Aufstand wagten, weil … ja, warum eigentlich? Waren sie trotz allem mit der Parteiführung einverstanden? Oder galten Schlömer, Ponader und Co. als das kleinere Übel? Oder war es letztlich uninteressant, was der Kapitän und sein 1. Offizier von sich gaben, weil die meisten Piraten ohnehin nicht an eine *Orange Pearl* glaubten? Dann wäre es verständlich, dass die Piratenkinder Mama und Papa nicht bedrängten, weil sie ohnehin längst beschlossen hatten, ihr eigenes »Ding« zu machen. Als ein Pirat fragte, wie er dafür sorgen könne, dass Bernd und Johannes zurücktreten, wurde gelacht. Aber es war kein befreites Lachen. Eher eines, das verheimlichen sollte, dass der ganze Abend eine billige Komödie gewesen war.

Die unartige Basis

Der Parteitag begann am 24. November nahezu pünktlich, und wie bei einem guten Theaterstück wurde das ganze Dilemma der Piraten schon mit dem Auftritt des ersten Protagonisten sichtbar. Jeder konnte sehen, warum die Partei ausgerechnet den Beamten Bernd Schlömer zu ihrem Bundesvorsitzenden gewählt hatte und nicht Christopher Lauer. Es betrat nämlich so etwas wie ein grinsender Popanz die Bühne und lächelte nervös, als wolle er sich dafür entschuldigen, dass er seine Piraten im Saal beim Twittern störe. Die rückten noch die Stühle zurecht, starteten Computer, packten Club-Mate-Flaschen aus, installierten Mehrfachsteckdosen und schenkten dem Mann auf der Bühne nicht eine Sekunde ihre Aufmerksamkeit. Es war ein peinliches Schauspiel. Es war das perfekte Beispiel für einen Flop.

Ich beobachtete Schlömer eine Weile, sah, wie er sympathisch erscheinen wollte, aber nicht angepasst, gut sichtbar und zugleich unauffällig, am besten farblos wie ein Mann ohne Eigenschaften. Er versteckte sich hinter dem Podium, rückte seinen Schal zurecht und presste die schmalen Lippen zusammen, als wolle er jedes unüberlegte Wort am Auftritt hindern. Dann räusperte er sich, als müsse er uns beichten, dass er vergessen hatte, Club Mate zu bestellen. Und da verstand ich, dass er hervorragend zum Piraten-Anforderungsprofil passte: Mach die Arbeit, sei bescheiden und halte die Schnauze. Es war die perfekte »Trennung von Mandat und Meinung«, wie Sascha Lobo es einmal formuliert hatte.

Und als er anfing zu reden, war nach zwei Sätzen allen Anwesenden klar, dass er auch diesmal keine mitreißende Rede halten würde. Stattdessen war er gekommen, um sich zu seinen Fehlern zu bekennen und sich dafür zu entschuldigen. Und er schlug vor, dass wir uns und ihn nicht länger beschimpfen oder ignorieren sollten. Wir sollten stattdessen respektvoll miteinander umgehen und gemeinsam Politik machen. Ich ging zur Bar, um einen Kaffee zu holen, und vergaß Schlömer. Ich glaube, er redete noch eine Weile so weiter, aber ich hörte nicht, was er sagte.

Und als ich nach einer gefühlten Stunde wieder zur Bühne sah, war Bernd Schlömer verschwunden. Ich wunderte mich und schaute nach, ob er von der Bühne gefallen war, aber da lag niemand. Tatsächlich war er einfach nur abgetreten, zumindest von der Bühne, um der Bochumer Bürgermeisterin das Mikrophon zu überlassen. Und die zeigte nun, wie man einen Auftritt routiniert und charismatisch gestaltet. Denn obwohl Frau Dr. Scholz noch etwas unausgeschlafen aussah, begrüßte sie uns offen und freundlich. Sie hieß uns in ihrer Heimatstadt willkommen, und auch wenn sie sofort knietief in einem Fettnäpfchen stand, blieb sie gelassen. Es war erstaunlich, denn eigentlich war es gar kein Fettnäpfchen, sondern ein Behältnis in der Größe des Bodensees, voll mit altem Frittierfett.

Sie hatte uns nämlich als »Delegierte« tituliert, und das geht bei Piraten gar nicht. Die Empörung war greifbar, eine Wolke aus Hohngelächter schwebte durch den Saal. Sexistische oder antisemitische Vorwürfe waren ja gerade noch erträglich oder wenigstens diskussionswürdig, aber »Delegierte«? Wir sind eine Basispartei! Bei uns kann jeder zu jeder Zeit auf jedem Portal in jeder Weise über jeden herziehen! Dazu brauchen wir keine Delegierten. Frau Bürgermeisterin verstand, dass sie einen Fehler gemacht hatte, verbesserte sich und lächelte dabei, als wären wir eine Grundschulklasse, die sie, die Lehrerin, bei einem Rechenfehler erwischt hatte.

Nachdem anschließend die nötigen organisatorischen Fragen geklärt worden waren, konnten wir endlich damit beginnen, das ultimative Parteiprogramm zu besprechen, zu diskutieren und zu beschließen. Und da es, wie eben erwähnt, keine Delegierten gab, die nach dem Prinzip »eine Hand wäscht die andere« pragmatisch hätten kungeln können, war jeder Programmpunkt so formuliert, dass er für alle 2000 akkreditierten Mitglieder akzeptabel war. Markus hatte mir während der Vorbereitung meines Programmantrages geraten, möglichst allgemein zu bleiben. Eigentlich durfte es kein Antrag sein, sondern musste wie ein bunter Strauß von gefühltem Nichts aussehen. Zudem sollte ich meinen Antrag in Module zerlegen, damit bei eventueller Kritik an einzelnen Formulierungen nicht der gesamte Entwurf, sondern nur das betreffende böse, böse Modul gestrichen zu werden brauchte, damit die nötige Zweidrittelmehrheit erreicht werden konnte.

Es ging los mit der Wirtschaftspolitik der Piratenpartei, die auf einem humanistischen Menschenbild zu gründen hatte, in 104 Anträgen dargestellt war und nun unbedingt diskutiert und beschlossen werden musste. »It's the economy, stupid« hörte ich hinter meinem Rücken. Genau. Die Piraten hatten ja festgestellt, dass der Weg in den Olymp der Macht, also den Bundestag, nur möglich ist, wenn man zu allem und jedem etwas sagen kann. Die Zeit der charmanten und frechen Unwissenheit war damit endgültig vorbei. Nun wurden Inhalte aus dem linken Empörungssteinbruch geschlagen. Und da war jede Menge Entrüstungsrohstoff verborgen.

Jan Hemme stellte einen Entwurf vor und Laura Dornheim einen anderen. Die beiden sahen nicht wie die typischen Piraten aus. Hemmes Frisur zum Beispiel war wie sein Auftritt ordentlich gescheitelt. Ein junger, dynamischer Macher, mit hell strahlendem Lächeln, der sich zu Hause vermutlich schwarzärgerte, dass die Basis Leute wie ihn eigentlich nicht leiden konnte. Laura Dornheim, Unternehmensberaterin und Doktorandin, schien zu schweben, als sie ans Mikrophon trat. Sie lächelte und war irgendwie schwer zu fassen. Sie wirkte seltsam unscharf, so als hätte jemand vergessen, das Objektiv zu justieren.

Die Anträge, die beide vorstellten, unterschieden sich augenscheinlich nur graduell, dennoch hatten sie sich im Vorfeld nicht zusammenraufen können. Auf alle Fälle ging es in beiden um die Soziale Marktwirtschaft, wie wir sie seit Ludwig Ehrhard kennen. Allerdings nicht um den Satz: »Ich will mich aus eigenen Kräften bewähren und werde die Risiken des Lebens selbst tragen. Du, Staat, sorge dafür, dass ich dazu in der Lage bin.« Bei vielen Piraten lautete das Mantra eher: »Du, Staat, bewahre mich mit all deiner Kraft und trage die Risiken meines Lebens. Ich werde dann sehen, ob ich zum Leben momentan in der Lage bin und überhaupt Lust habe.« Dass dies mit der Realität nur schwer zusammengeht, wussten Hemme und Dornheim und versuchten deshalb, einen dritten Weg zwischen Markt und Plan zu finden, der auf dem Papier romantisch aussah und doch auch nicht mehr als das war, was Linkspartei, Grüne, SPD auch irgendwo, irgendwie und schon immer wollten. Aber das war momentan unwichtig. Die Losung lautete: Wir müssen eine hübsche Braut für die Bundestagswahl sein. Was danach kommen sollte, würde niemanden interessieren, wenn wir mit dem Wähler erst mal das Standesamt verlassen hätten.

Ich verstand zu wenig von Wirtschaftspolitik, um erkennen zu können, worin genau sich die beiden Anträge unterschieden. In beiden ging es um Freiheit, Transparenz, Verantwortung, Nachhaltigkeit und gerechte Teilhabe. Oder war da noch was? Ach ja, außerdem ging es noch um Wachstumskritik, die finanzielle Grundversorgung für alle Bürger und als Basis um ein humanistisches Menschenbild. Dass es, soweit ich weiß, kein unhumanistisches Menschenbild gibt und keine Partei Unfreiheit, Intransparenz und die Wiedereinführung der Sklaverei als Pfeiler ihres Programmes benennen würde, wussten Hemme und Dornheim vermutlich, ließen sich aber von der Realität nicht irritieren.

Als dann das Saalmikro geöffnet wurde, kritisierte ich, dass sowohl ein Hardcore-Kapitalist als auch Sahra Wagenknecht so einem Wirtschaftsprogramm zustimmen könnten. Der Saal und das Podium nahmen meinen Einwand zur Kenntnis – und vergaßen ihn sofort wieder. Natürlich wusste jeder, dass es kein richtiges Wirtschaftsprogramm war, weil es die Frage der Finanzierung nicht beantwortete. Aber wenigstens fühlte es sich für die Gemütspiraten in der Partei der Herzen wohlig an. Kurz darauf wurde ich zufälliger Zeuge eines Gesprächs, bei dem sich ein Landesvorsitzender fürchterlich darüber aufregte, dass die Piraten jetzt eine Kompetenz behaupten würden, die sie nun mal nicht hätten. Da das Gespräch auf dem Flur stattfand, blieb den Piraten im Saal diese Erkenntnis leider verwehrt. Und ich konnte mich nicht weiter darum kümmern, weil inzwischen eine mittlere Katastrophe eingetreten war.

Die arglistige Intrigenfabrik

Da es 900 Anträge gab, war auf Liquid Feedback eine Reihenfolge beschlossen worden, in der die Anträge auf dem Parteitag bearbeitet werden sollten. Da ich selbst immer noch keinen Zugang zu Liquid Feedback besaß, hatte ich an der Abstimmung nicht teilnehmen und somit meinen Antrag auch nicht nach oben befördern können. Wie ich aber aus der Geschäftsstelle gehört hatte, stand er definitiv auf der Liste der Anträge, die in Bochum besprochen werden sollten. Nun allerdings hieß es plötzlich, er sei aus Zeitgründen durch die Antragskommission von der Liste gestrichen worden.

Ich brauchte einen Moment, um die Tragweite dieser demokratischen Entscheidung zu begreifen. Mein Antrag war zusammen mit Hunderten anderen Anträgen im Orkus der digitalen Verwaltung verschwunden. Das bedeutete, ich war vergeblich nach Bochum gefahren, hatte unnötig 100 Euro für Zug und 200 Euro für Hotel ausgegeben. Aber was noch viel schlimmer war, mein Plan, die Piraten vom Bundestag fernzuhalten, wäre damit zum zweiten Mal gescheitert. Das konnte nicht sein. Ich marschierte wütend zur Antragskommission, die rechts neben dem Podium Platz genommen hatte, und stellte mich brav in die Schlange aus weiteren wütenden Piraten, die ebenfalls wissen wollten, wieso ausgerechnet ihr Antrag von der Liste gestrichen worden war.

Als ich an der Reihe war, strahlte mir das hysterische Lächeln der Antragskommissionspiratin entgegen.

»Was ist mit meinem Antrag passiert?«

»Nummer?«

»PA 127.«

»Ist nicht auf der Liste.«

»Hab ich auch schon gemerkt. Deswegen bin ich hier.«

»Und was soll jetzt passieren?«

»Der Antrag muss besprochen werden!«

»Du kannst ihn aufs Liquid stellen.«

»Da hab ich keinen Zugang.«

»Dann heul doch.«

»Später. Jetzt will ich, dass mein Antrag auf die Liste kommt. Immerhin geht es darum, ob wir Kandidaten für die Bundestagswahl aufstellen.«

Die Piratin sah von ihrem Notebook auf, und es war, als hätte sie in diesem Moment einen Schwerverbrecher auf frischer Tat geschnappt.

»Ach, *du* bist das. Du kannst uns ja verklagen, aber das ändert nichts dran, dass wir im September 2013 in den Bundestag einziehen. Hab ich mich klar genug ausgedrückt?«

Der Tonfall, in dem die Antragskommissionspiratin den freundlichen, aber bestimmten Hinweis durch die Zähne presste, ließ mich ahnen, dass weiteres Insistieren zu einem Wutausbruch führen würde. Die Stimmung war inzwischen nämlich äußerst gereizt, weil einige Piraten unfähig waren, sich in die hierarchielose Hierarchie einzufügen, und stattdessen unproduktive Erscheinungsformen antiautoritärer Erziehung präsentierten. Wie beim Quengelregal vor der Supermarktkasse wälzten sie sich rhetorisch auf dem Boden, wenn ein

Antrag zur Änderung der Tagesordnung zur Änderung der Geschäftsordnung wegen der Änderung der Tagesordnung wiederholt abgelehnt wurde. Klar, dass die Kommission da gerade noch auf mich gewartet hat.

»Noch was?«

»Nein, danke.«

Entmutigt zog ich mich zurück und ärgerte mich, dass ich nicht im Vorfeld die Empfehlungen meines Crewkapitäns Markus ernst genommen hatte. Er hatte mir angeboten, den Antrag über seinen Zugang auf Liquid Feedback zu stellen. Außerdem hätte ich ein paar Unterstützer finden sollen, mit denen zusammen ich wie die glorreichen Sieben hätte auftreten können. Ich hatte es ja versucht, hatte hier und da durchaus auch Verständnis für meine Idee der APO 2.0 erhalten, aber als es ernst wurde, war niemand bereit, sich gegen den Strom zu stellen. Und somit hatte ich eine weitere Lektion gelernt. Sie wurde von meinem Mitpiraten Benjamin Siggel in Ansätzen so formuliert:

Lektion 17: Wie man einen Antrag durchbringt, Teil 1

Wenn du auf einem Parteitag einen Antrag durchbringen willst, gilt es, eine Reihe von Hürden zu überwinden. Vernetze dich mit guten Leuten in deinem Themenbereich, die ebenfalls Interesse an einem Antrag haben, wie du ihn dir vorstellst. Arbeite intransparent, du willst doch nicht die zarten Pflänzchen deiner halbfertigen Ideen von jenen Lasergehirnen zertreten sehen, die jedes Problem besser lösen können als alle anderen Menschen. Lege deinen Antrag gegebenenfalls für eine Weile in die Schublade. Versichere dich der Unterstützung einer Fach-Gruppe. Mache dort für deinen Antrag Werbung und stimme dich ab, um Konkurrenzsituationen zu vermeiden.

AGs und Personen, die irgendwie irre sind, solltest du jedoch wahlweise rechts oder links liegenlassen. Reiche den Antrag frist-

gerecht ein. Aber auch nicht zu früh, damit du keine immer noch schlafenden Hunde weckst, die dann noch flugs einen miesen Konkurrenzantrag zusammenzimmern, nur um deinen Antrag zu verhindern. Ein bis zwei Minuten vor Fristablauf ist ein guter Zeitpunkt.

Die große Depression

Niedergeschlagen setzte ich mich zu zwei Piraten, die ich schon öfter in der Geschäftsstelle getroffen hatte. Ich klappte meinen Apple auf und erfuhr von Emilio aus Spandau, dass das Antragsbuch, wenn man es ausdrucken wollte, 1500 Seiten umfassen würde. Wenn das allerdings ein Trost sein sollte, dann war der Versuch gescheitert. Enttäuscht blätterte ich durch die Liste der Anträge, die wie meiner nicht behandelt werden konnten. Da gab es den Antrag zur Schaffung einer Behörde, die die Regulierung eines legalen Cannabismarktes überwachen und Mindeststandards für die Reinheit, die Überwachung der Herstellung und die Preisgestaltung kontrollieren sollte. Oder ein Antrag, der forderte, dass »eine Höchstkonzentration für Nikotin in den Liquids von E-Zigaretten, idealerweise europaweit, festgelegt« werden müsse. Amüsant fand ich auch die Forderung, die »chrononormative Frühaufsteherdiktatur« abzuschaffen, sowie der Wunsch nach Absenkung des Wahlalters. Hier wurde nicht genau gesagt, auf welches Alter, aber so wie ich die Piraten kannte, wurde pränatal nicht als zu früh angesehen. Dass die Wiedereinführung der D-Mark und das grundsätzliche Recht auf öffentliche Nacktheit gestrichen worden waren, konnte ich nachvollziehen, weil gleichzeitig die Vereinigung von Deutschland, Europa und der ganzen Welt gefordert wurde. Was aber nicht sexuell gemeint war.

Auf dem Podium war man inzwischen nach Anträgen zur Rente, Umwelt und Außenpolitik endlich bei etwas wirklich Seriösem angekommen. Jedenfalls aus der Sicht der 2000 Selbst-Delegierten. Der Antrag lautete »Zeitreisen« und war amüsant begründet: »Der BPT möge folgenden Antrag beschließen und an geeigneter Stelle ins Wahlprogramm aufnehmen: Die Piratenpartei spricht sich für eine intensive Erforschung von Zeitreisen aus, mit dem Ziel, diese noch in diesem Jahrzehnt Realität werden zu lassen.

Antragsbegründung: Die Piratenpartei will damit nicht nur Menschen helfen, deren innere Lebenszeit nicht der aktuellen chrononormativen ›Wirklichkeit‹ entspricht. Ihr Anliegen ist es auch, das Amt eines Beauftragten für die Korrektur unerwünschter Zeitlinien zu schaffen, der, mit einer Zeitmaschine ausgestattet, in die Vergangenheit reisen kann, um dort die Anlässe für Shitstürme zu verhindern, bevor diese überhaupt entstehen, und positive Berichterstattung anzustoßen, wo möglich. Sollte sich der Plan einer Zeitmaschine und eines Beauftragten für die Korrektur unerwünschter Zeitlinien nicht umsetzen lassen, möge die BPT beschließen, endlich die Beschäftigung der Piratenpartei mit sich selbst zu beenden und sich auf die Aufgaben zu konzentrieren, die vor ihr liegen: Das Gewinnen der Bundestagswahl (das seinerseits notwendig für die Umsetzung des Plans zum Bau einer Zeitmaschine ist).« Der Antrag wurde mit großem Beifall aufgenommen. Leider erreichte er bei der folgenden Abstimmung nicht die nötige Zweidrittelmehrheit.

Die Veranstaltung kam mir mehr und mehr wie eine große Prunksitzung beim Mainzer Karneval vor. Ein Pirat lief mit Dreispitz herum, ein anderer mit Netzstringtanga, viele in langen Mänteln und mit der typischen Piratenbandana, diesem Tuch, das hinter dem Kopf zusammengebunden wird und gerne mit einem Totenkopfsymbol bedruckt ist. Ganz vorne saß der Bayernpirat Christian Horn, ein schmaler, hochgewachsener Mittdreißiger mit einer Brille, die wie ein schwarzer Balken über seinen Augen aussah. Wenn jemand von der Presse ihn ansprach, sagte er: »Strictly-no-comment.« Ich erinnerte ihn daran, dass er mit der Brille doch gerade die Aufmerksamkeit auf sich zog, die er dann ablehnte. Aber das verstand er wohl nicht. Der pirateneigene Kabarettist Rolf Schümer hielt eine dröge Kabarettrede. Weitere Geschäftsordnungsanträge wurden abgelehnt. Vor allem, wenn es um Änderungen der Tagesordnung ging. Christopher Lauer empörte sich, weil er nicht reden durfte, da eine Rednerliste geschlossen wurde. Daraufhin wurde endlos lange diskutiert, ob die Redebeiträge zeitlich von fünf auf drei Minuten begrenzt werden sollten. Es waren ohnehin immer dieselben, die am Mikro standen. Die anderen versteckten sich hinter ihren Notebooks und signalisierten geschäftige Befassung mit Inhalten, während sie auf Tweetdeck den Tratsch lasen und sich freuten, wenn jemand gebasht wurde. Das war er also, der große basisdemokratische Parteitag, auf dem die Hälfte der Piraten keine Lust auf Diskussion hatte und zwei Dutzend Aktivisten die Diskussionen bestimmten. Spannender waren da doch die daraus zu ziehenden Lehren, die (wieder frei nach meinem Mitpiraten Benjamin Siggel) so lauteten:

Lektion 18: Wie man einen Antrag durchbringt, Teil 2

Gehe davon aus, dass niemand deinen Antrag gelesen hat. Stelle deinen Antrag nicht länger als drei Minuten vor; die Versammlung wird genervt, und genervte Parteimitglieder heben nicht die Ja-Karte. Stelle sicher, dass jeder Landesvorstand von einer Person seines Vertrauens gesagt bekommen hat, wie er abstimmen soll. Viele Parteimitglieder an ihren Tischreihen werden sich an ihrem Landesvorstand orientieren. Organisiere dir deine Fanbase, die am Redemikrofon für die Annahme deines Antrages plädieren wird. Sei bei deiner Vorstellung deines Antrages populistisch, aber wirke nicht so. Vor allem, wenn du deinen Antrag gegen Angriffe verteidigen musst. Egal was passiert: Simuliere Ruhe, Selbstsicherheit und Kompetenz. Wenn es sich anbietet, bringe die Versammlung zum Lachen, aber mache keine Witze auf Kosten von Minderheiten oder Frauen und dresche nicht auf Personen ein, die sich nicht wehren können. Schaffst du drei gute Lacher, hast du deinen Antrag so gut wie im Sack. Halte dieses System am Leben. Du lebst davon. Deine Freunde leben davon. Nenne es Basisdemokratie und halte die Vorstellung am Leben, dass jeder dieselben Chancen hat, Anträge durch den Parteitag zu bringen, und alle Anwesenden eine unabhängige, informierte Entscheidung treffen.

Die spezielle Piratendemokratie

Ansonsten dümpelte die Veranstaltung in einer Atmosphäre zwischen Hysterie und Resignation vor sich hin, bis endlich die Mutter aller Geschäftsordnungsbattles begann. Es ging um den Antrag 048 und die Formulierung »nationale Identitäten«. Die ermatteten Piraten hinter ihren Notebooks waren nach der Mittagspause mit Verdauen beschäftigt und stimmten brav für den Antrag. Sie hatten einfach mangels zerebraler Sauerstoffversorgung den Fauxpas nicht bemerkt. Dabei konnte doch im Zusammenhang mit Identität der Begriff »national« auf keinen Fall geduldet werden. Die Empörung bei der Pirantifa war grenzenlos, und Stephan Urbach konnte nicht mehr an sich halten. Wenn die Partei nationale Identitäten will, rief er in den Saal, bleibe ihm nur der Austritt (was er im März 2013 dann auch tatsächlich wahrmachte). Erregt verließ er das Podium und zeigte, wie man einen Antrag, der bereits angenommen worden war, mit der Drohung, die Partei sofort und für alle Zeit zu verlassen, doch noch zu kippen vermochte. Oliver Höfinghoff echauffierte sich ebenfalls, und prompt klappte es. Die Matrosen gehorchten, die Versammlungsleitung ließ so oft über den Antrag abstimmen, bis das gewünschte Ergebnis erreicht war: Ablehnung. Somit war die politische Correctness wiederhergestellt.

Und damit das nicht noch einmal passieren konnte und die Parteitage künftig insgesamt effektiver und vor allem effizienter über die Bühne gehen würden, musste ein neues Werkzeug her. Katja Dathe hatte dafür auch schon eine Harpune bereit, den Satzungsänderungsantrag 041, der »die ständige Mitgliederversammlung (SMV) als Organ der Piratenpartei Deutschland« forderte. Durch dieses weitere Online-Werkzeug, eine Art besseres Liquid Feedback, sollte es für eine bestimmte Auswahl an Piraten möglich sein, jederzeit Beschlüsse zu treffen, ohne den heimischen Computer verlassen zu müssen. Für manche war das unerträglich elitär. Für andere versprach es die Befreiung von der chaotischen Basis, die noch nicht reif für eine professionelle Partei schien. Stephan Urbach beispielsweise hatte schon in einem Interview mit der Zeitschrift *Cicero* festgestellt, dass die Basisdemokratie die Lebenslüge der Piratenpartei sei. Doch dann wurde der Antrag wieder zurückgezogen, weil die Stimmung nicht danach war. Aber er zeigte immerhin, wohin es gehen sollte mit den basisdemokratischen Karrierepiraten. Wenn das Volk noch nicht reif ist, muss es eben erst mal in die Erziehungsanstalt, damit es das nötige richtige Bewusstsein erlernt.

Einige Piraten aus dem Süden der Republik hatten dennoch mitbekommen, dass die Berliner schon wieder mit der SMV unterwegs waren, und empörten sich nach Kräften. Doch zum Glück saßen erfahrene Dompteure auf dem Podium, die wussten, wie man den Kindergarten mit vernünftigen Argumenten wie »Haltet doch mal die Schnauze! Fresse!« zur Räson brachte. Auch wenn die Basis solche pädagogischen Feinheiten mit der ihr eigenen Mischung aus Hohn und Desinteresse quittierte, ging der Ausflug ins Autoritäre für die Betroffenen nicht ohne Beschädigung des eigenen seelischen Wohlbefindens inklusive einer schmerzhaften Ernüchterung vonstatten. Philip Brechler, einer der Versammlungsleiter, gestand hinterher im Interview mit *Cicero*: »Vielen Piraten fehlt die politische Bildung – und sie sind extrem obrigkeitshörig. Diese Anforderung wurde auch ständig an uns herangetragen: Ja, bitte, seid strenger!« Woraufhin sein Kollege Stephan Urbach nur noch ergänzen konnte: »Mein Gefühl ist gerade, das ist nicht meine Partei.«

Die Piratencouch

In der Woche nach dem Bundesparteitag erzählte ich meinem psychoanalytischen Freund Jens von meiner piratischen Frustration. Ich dachte, es wäre eine gute Idee, die Politik aus der Sicht eines Analytikers erklärt zu bekommen. Und als hätte er nur auf dieses Stichwort gewartet, hielt er mir eine aufklärende Vorlesung, mit der er alle Fragen zum Geisteszustand der Piraten ein für alle Mal beantworten wollte. »Ich habe den Eindruck, dass die Piraten viele Menschen anziehen, die vernetzte Autisten oder schizoide bzw. paranoide Charaktere sind. Sie zeichnen sich aus durch einen Rückzug von affektiven, sozialen und anderen Kontakten mit übermäßiger Vorliebe für Phantastereien, einzelgängerisches Verhalten und eine in sich gekehrte Zurückhaltung. Die Betroffenen verfügen nur über ein begrenztes Vermögen, Gefühle auszudrücken und Freude zu zeigen.«

Ich war überrascht, wie klar Jens die Piraten sah. Weil es in der atomisierten, sinnentleerten Welt keinen Halt mehr gäbe, komme dem Schwarm, der Gemeinschaft, der Social Media eine große Bedeutung zu. Und da werde aus der Anklage der 68er gegen die falschen Autoritäten sofort die Ablehnung von Autoritäten an sich. Denn wer auf den Schwarm höre, die Gemeinschaft zur Autorität erhebe, mache selbst keine Fehler. Wer Angst vor Entscheidungen habe, weil die möglicherweise Versagen und Schuldzuweisungen nach sich ziehe, werde sich gerne der Diktatur des Konsenses unterwerfen. »Wir lausen uns, indem wir sprechen. Schimpansen lausen sich, Piraten chatten«, erklärte mir Jens lapidar.

Wenn das mal keine definitive und unwiderrufliche Erklärung für alle Probleme war. Aber sie half mir dennoch nicht über meine zweite große Niederlage hinweg. Vor allem auch, weil ich in den nächsten Wochen erleben durfte, wie ich es zwar zu einer gewissen Popularität, aber gleichzeitig auch zum Piraten-Gespött gebracht hatte. Wenn ich dann im »Kinski« oder der P9 zu erklären versuchte, wieso es mir durchaus ernst mit der APO 2.0 war, kam nie eine richtige Diskussion zustande. Meine Gesprächspartner machten Witze über mich und verhöhnten mich als Alt-68er, was nun wirklich nicht zutraf. 1968 war ich elf Jahre alt! Trotzdem hatte ich es in meiner Partei zum Clown gebracht. Was zu einer weiteren wichtigen Lektion führt.

Lektion 19: Wie man Gegner ausschaltet

Bleibe in schwierigen Diskussionen unter keinen Umständen beim Thema, weil man dich sonst festnageln kann. Rede so lange, bis andere aufgeben, weil sie müde sind oder resignieren oder dich für einen Intriganten halten, aber nicht wagen, es laut zu sagen, oder als Alleinerziehende nach Hause müssen oder nach deiner Aussage die Sache nicht verstanden haben. Vor allem wenn in der Diskussion ein Widerspruch im Gründungsmythos der Partei aufgedeckt wird, musst du ausweichen und denjenigen, der den Finger in die Wunde legt, schlechtmachen und ausschalten. Das geht sehr gut, indem du ihn a) politisch diffamierst, b) moralisch diskreditierst, c) lächerlich machst. Witze sind besonders geeignet, einen Widersacher auszuschalten. Wenn du dann irgendwann an der Spitze der Partei angekommen bist, verstoße all die, die dir auf dem Weg nach oben geholfen haben und zu viel über dich wissen.

KENTERN

Oder wo die Zukunft der Parteien liegt

Die tiefste Nacht

Auf der Heimfahrt nach zwei Tagen Piratenparteitag inklusive einer Party in der Nacht von Samstag auf Sonntag, in der es neben alten Witzen nur zu alkoholischen Ausfällen gekommen war, hatte ich den absoluten Tiefpunkt erreicht und konnte mich einem geliebten Hobby hingeben: Hohn und Spott über mich ausgießen. Ich saß niedergeschlagen im Speisewagen des ICE 645, hielt mich an einem Bier fest und wusste, ich hatte versagt. Ich war naiv und nachlässig gewesen, hatte nicht genug Kampfgeist, Leidenschaft und Fleiß gezeigt. Ich hätte mich viel mehr einbringen müssen. Ich hätte mich vordrängeln, Allianzen schmieden, Verbündete suchen sollen. Und ich hätte vor allem die Sache nicht auf die leichte Schulter nehmen dürfen. Aber es war zu spät. Ich hatte mich der falschen Fraktion angeschlossen, was noch dadurch verschlimmert wurde, dass es diese Fraktion eigentlich gar nicht gab. Wie auch immer, die Barkasse namens Parteikarriere war definitiv abgesoffen. Sicherlich gab es noch andere Möglichkeiten. Die Gelegenheiten, es in der Politik zu etwas zu bringen, gehen nie aus, hatte Silvio Berlusconi erst vor kurzem gesagt.

Ich bestellte ein weiteres Bier, um die nervige Stimme in meinem Kopf zu beruhigen. Sicher, ich konnte immer noch für die Piraten bei der Bundestagswahl 2013 kandidieren, um dort endlich meinen Geheimauftrag zu Ende zu bringen. Ich könnte einen späten Triumph einfahren, dann, wenn die Geschichte mir Recht geben und das anarchistische Netz über die Bürokraten meiner Partei siegen würde. Ich müsste dazu lediglich die Schreiberei aufgeben und mich ganz und gar der

Politik widmen. Aber konnte ich das? Wollte ich das? Und wie würde ich mir, meiner Familie und vor allem den Piraten erklären, dass ich sie jetzt nicht mehr am Einzug in den Bundestag hindern wollte, weil ich plante, selbst dort einzuziehen? So viele Fragen und keine Lösung, bei der es einen Preis zu gewinnen gab. Dabei kannte ich die Antwort, auch ohne meine kluge Tochter noch einmal zu Rate ziehen zu müssen: Für die Bundestagswahl zu kandidieren und gleichzeitig verhindern zu wollen, dass die Piraten in ebendiesen Bundestag einziehen, passt nur dann zusammen, wenn man bewusstseinserweiternde Drogen nimmt. Es würde zudem exakt nach der Sorte Karrieregeilheit und Machtbesessenheit aussehen, die ich die ganze Zeit den Piraten-Kapitänen vorgeworfen hatte.

Wobei ich zugeben muss, dass ich in den letzten Wochen tatsächlich ein paar Anläufe gestartet hatte, um mich im Bundestagswiki der Piraten auf der entsprechenden Kandidatenseite zu präsentieren. Einmal hatte ich meine Präsentation sogar eingestellt und hätte nur noch auf »speichern« drücken müssen. Doch dann löschte ich den Eintrag wieder. Ich weiß nicht, warum. Ich glaube, es lag an dieser Stimme in mir, die mich warnte und meinte, ich sei ein Lügner und Betrüger, eben ein typischer Autor. Vielleicht war ich auch einfach nicht selbstbewusst genug, vielleicht war mein Ego zu klein. Eigentlich war es sogar so klein, dass ich es nach meinem Tod dem mikrobiologischen Institut der Berliner Humboldt-Universität hätte vermachen können.

Nach dem dritten Bier und kurz nach dem Halt in Dortmund war dann auch noch meine angeborene Abneigung gegen Parteien zurückgekehrt. Und sogar schlimmer als je zuvor. Was blieb mir also? Um nicht wie ein lächerlicher Totalversager dazustehen, könnte ich versuchen, noch einen Kurzauftritt als Märtyrer der Drehbuchautoren zu bekommen. Ich könnte mich im Charlottenburger Wochenblatt als gescheiterter Agent Provocateur outen. Aber was hätte ich dadurch erreicht, außer fünfzehn Minuten Ruhm direkt neben der Werbung für Hundefutter? Und außerdem war die Gefahr dann noch nicht gebannt. Zwar hatten die Piraten den Umfragegipfel von 13 Prozent schon lange verlassen und dümpelten in den Wählerbefragungen im Morast von 5 Prozent herum. Aber es war ihnen durchaus zuzutrauen, dass sie es immer noch in den Bundestag schaffen würden, um dort endgültig per Blitzkrieg das Urheberrecht einzustampfen.

Auf der Höhe Hamm/Westfalen standen das vierte Bier und die dritte Möglichkeit vor mir. Ich dachte an ein Attentat. Was wäre, überlegte ich, wenn ich zur nächsten Sitzung des Berliner Abgeordnetenhauses fahren und dort die Piratenfraktion mit meinen gesammelten Tatort-Drehbüchern erschlagen würde? Natürlich müsste ich den Anschlag vorher ankündigen, müsste ordentlich PR machen. »Seien Sie dabei, erleben Sie die berufliche Selbstmordaktion eines Drehbuchautors!« Da ich aber nur zwei Tatort-Bücher geschrieben hatte, von denen auch nur eins verfilmt worden war, verwarf ich den Gedanken wieder. Auch ein Anruf bei Ver.di, wo ich überraschenderweise am Sonntagabend eine unermüdliche Mitarbeiterin erwischte, half nicht weiter. Ich fragte sie, ob die Gewerkschaft etwas Handfestes gegen die autorenfeindlichen Piraten unternehmen würde. Die Dame referierte daraufhin die Haltung des Vorstandes: »Wir sind empört, überlegen aber noch. Wir wollen erst mal Stimmen sammeln und später einen bösen Brief schreiben.« Irgendwie erinnerte es mich an einen Satz von Lenin: »Wenn deutsche Revolutionäre einen Bahnhof stürmen wollen, kaufen sie vorher eine Bahnsteigkarte.«

Kurz vor Bielefeld setzten sich dann zur Verstärkung meiner Depression auch noch drei Journalisten an meinen Tisch. Ein Journalist von der *WELT* und zwei Herren von der *dpa*, deren Namen ich sofort wieder vergaß. Ich hörte ihnen zu, wie sie sich über den Dilettantismus der Piratenpartei amüsierten und immer neue Anekdoten zum Besten gaben. Ich erfuhr, dass Marina Weisband naiv und die Zeit der Piraten vorbei sei, dass Schlömer wie jeder andere Politiker klinge und es sich bei Ponader um einen Verrückten handle. Alles nichts Neues, und doch war unübersehbar, wie dankbar sie meiner Partei für den steten Quell an Geschichten, Streitereien und Skandalen waren. Inmitten der Zeitungskrise hatten die Piraten einen ordentlichen Anteil an der Sicherung journalistischer Arbeitsplätze.

Ich lachte mit, um nicht aufzufallen. Doch je länger ich lachte, desto klarer wurde mir, dass ich selbst auf keinen Fall Anlass solcher Heiterkeitsausbrüche sein wollte. Ich musste dieses Spiel vom Autoren-Robin-Hood beenden, diesen peinlichen Versuch, inmitten von Autoritätsallergikern an die Spitze einer Partei zu kommen. Denn selbst wenn es mir gelingen würde, wusste ich denn, wo ich am Ende der Via Dolorosa landen würde und wer ich dann wäre? Vielleicht ein seelisches Wrack? Oder noch schlimmer, ein erfolgreicher Vorsitzender der Piratenpartei? Du bist Autor, sagte ich mir. Ein Schreiber, ein Büromensch, ein Phantast und auf keinen Fall ein Mann der Tat. Und schon gar kein Held. Also hör auf mit dieser Camouflage. Du musst dich nicht opfern. Wenn *du* es nicht tust, wird mit Sicherheit ein anderer das Schwert in die Hand nehmen und in den Heiligen Krieg zur Rettung des Urheberrechts ziehen.

Während eines dreißigminütigen Aufenthalts in Hannover, bei dem wir zwei Landespolitiker der SPD und drei Kästen Bier an Bord nahmen, fühlte ich mich einen Moment lang von dem Druck befreit, der die letzten Monate auf mir gelastet hatte. Keine Karriere in der Partei bedeutete: keine Pflichtbesuche mehr in den Crews, keine Abende in verrauchten Piratenpartykellern, keine ermüdenden Gespräche über das Parteiprogramm. Ich konnte mich stattdessen schon am Montag wieder meiner Arbeit als Drehbuchautor widmen. Doch kaum hatte ich mich mit meiner neuen Freiheit angefreundet, tauchten Zweifel auf, ob die Entscheidung richtig war. Der kleine, vertraute Folterknecht in meinem Hirn warf mir Feigheit, Faulheit und Versagen vor. Was wird denn, fragte er, wenn sich doch wider Erwarten niemand bereiterklärt? Oder wenn es dann bereits zu spät ist? Oder wenn die falsche Taktik angewendet wird? Sven Regener, spottete der Folterknecht, hat zwar eine fulminante Wutrede gehalten, aber dadurch nur erreicht, dass die Piraten noch populärer wurden.

»Sie sind also Autor? Was schreiben Sie denn?«

Ich schreckte aus meinen Gedanken hoch, sah mich um. Der Journalist von der *WELT* schaute mich fragend an. Hatte er eben wissen wollen, ob ich Autor sei? Wie kam er darauf? Hatte ich laut gedacht? Hatte er meine Gedanken gelesen? Ich erinnerte mich wieder. Vor einer Stunde hatte ich mich als Pirat geoutet und der *WELT* und der *dpa* von meinem Weg in die Piratenpartei erzählt.

»Ja«, antwortete ich.

»Also sind Sie ein Agent Provocateur«, meinte einer der *dpa*-Journalisten.

»Und jetzt schreiben Sie sicherlich ein Buch über die Piraten? Was wird es denn? Roman? Drehbuch? Gedichtband?«, fragte der andere.

Ich verneinte alle drei Varianten und erzählte vielmehr die wahnsinnig spannende Geschichte, wie ich als Autor einfach nur in die Piratenpartei eingetreten sei, um (offiziell) mehr über ihre Ideen und Einstellungen zu Internet und Urheberrecht zu erfahren, und seitdem hochinteressante Erfahrungen gemacht hätte. Doch ich hatte den Satz noch nicht zu Ende gesprochen, als die drei schon das Interesse an mir verloren hatten. Ein Autor, der beim Feind anheuerte, nur um diesen besser verstehen zu können, und der noch nicht mal ein Buch über sie schreiben wollte – gab es etwas Langweiligeres? Sie unterhielten sich dann stattdessen über Klaus Wowereit, der es seinerseits immerhin fertigbrachte, als Agent Provocateur den neuen Berliner Flughafen zu verhindern.

Ich zog mich innerlich zurück, die drei Journalisten bezahlten ihre Rechnungen und verließen lachend den Speisewagen. Ich wusste nicht, ob sie wegen mir lachten, aber auf alle Fälle wurde ich wütend. Wieso hatten die sich nicht für mich interessiert? War es keine Story, dass ein Autor Mitglied beim Feind war? War das vielleicht nicht aufregend genug? Ich wurde noch wütender. Und dann passierte das, was in nahezu jedem Autorengehirn nach Demütigungen und Misserfolgen passiert, ich erfand eine Geschichte, die meine Niederlagen abmildern sollte, notierte auf Bierdeckeln Gedanken und Erlebnisse und hatte plötzlich eine großartige Idee.

Lektion 20: Die Gefahr von Niederlagen

In jeder Partei, die sich auf dem Weg an die Fleischtöpfe der Macht befindet, kommt es naturgesetzlich zur Bildung von Fraktionen. Jede dieser Fraktionen vertritt dann nach außen hin die Botschaft, über die allein seligmachende politische Weisheit zu verfügen. Innerhalb der Partei ist diese Botschaft selbstverständlich bedeutungslos, da sie ja lediglich der Verschleierung von Machtinteressen dient. Nun kann bei den daraus entstehenden innerparteilichen Machtkämpfen freilich nur eine Fraktion gewinnen, weshalb das Parteimitglied, das der »falschen« oder einer zu kleinen Fraktion angehört, eine Niederlage erleidet. Doch muss das nicht zu Depression, Alkoholismus, Schmähung des innerparteilichen Gegners oder gar Parteiaustritt führen. Es kann ebenso gut ein hochdotierter Posten in der freien Wirtschaft angenommen werden.

Das unterlegene Parteimitglied sollte vielmehr abwarten, bis die »Sieger« sich durch unpassende Äußerungen selbst diskreditieren, in triebgesteuerten Skandalen versinken oder im Rausch des Triumphs fatale Fehler machen. Tritt das nicht ein, bleibt dem unterlegenen Parteimitglied immer noch die Möglichkeit, die Sieger durch innerparteiliche Fundamentalopposition bis aufs Blut zu quälen. Der Verlierer kann dabei sicher sein, dass seine Position in der Öffentlichkeit als moralisch richtig wahrgenommen wird, weil

»verlieren« gewissermaßen als Wesensmerkmal der Moral angesehen wird. Auf dieser Basis kann der Verlierer mit ein wenig Geduld den Sieger zu einem späteren Zeitpunkt angreifen und zu Fall bringen.

Schreib es auf!

Als der Zug in Spandau hielt und ich ausstieg, wäre ich beinahe über die Schaffnerin gestolpert. Ich war von einer derart unbändigen Euphorie erfasst, dass ich mich kaum unter Kontrolle hatte. Ich lächelte die uniformierte Dame an, bat um Verzeihung, und als sie zurücklächelte, umarmte ich sie sogar. Es war ihr natürlich schleierhaft, wieso ich das tat, genauso wie es mir schleierhaft war, dass ich nicht selbst auf die Frage gekommen war, die der Mann von der *dpa* mir gestellt hatte: »Und jetzt schreiben Sie sicherlich ein Buch über die Piraten, oder?«

Das war es! Das Urheberrecht, die Kunst als Ganzes und die Freiheit von Bevormundung mit *den* Waffen zu verteidigen, über die ich verfügte, war die beste und nächstliegende Lösung des Problems. Mich auf ein Sachbuch zu konzentrieren, würde mir zudem die Freiheit geben, die Piraten so zu sehen, wie sie waren, und nicht, wie ich sie haben wollte. Während der Taxifahrt nach Hause fielen unablässig Ideen über mich her. Es müsste eine politische Wallraffiade sein, ein Wikileaks der politischen Korsaren, eine flammende Rede für die Freiheit der Kunst. Vielleicht würde daraus sogar irgendwann ein Film wie *Fahrenheit 9/11* von Michael Moore oder *Eine unbequeme Wahrheit* von Al Gore werden. Auf alle Fälle ein Werk, das den Piraten die heuchlerische Maske vom Gesicht reißen und ihren Gründungsmythos als Lüge entlarven müsste. Ich könnte damit nicht nur den Einzug der Piraten in den Bundestag verhindern, ich könnte der Held aller Kreativen werden, der Spartakus des Urheberrechts. Und das Allerverrückteste dabei wäre, ich würde Geld verdienen, indem ich die Wahrheit über die Piraten erzählte!

Zu Hause angekommen, weckte ich meine Frau, um ihr von dem phantastischen Plan zu erzählen. Ich musste ihr einfach die Zukunft in leuchtenden Farben ausmalen. Doch alles, was ich vorfand, war ein müder Blick.

»Du willst ein Buch über die Piraten schreiben?«

»Ist doch eine großartige Idee, oder nicht? Ich werde sie entlarven, ich werde die innerparteilichen Abgründe aufdecken, die Lüge von der Basisdemokratie ...«

»Und was ist mit all den Piraten, die dir vertrauen und die deine Freunde geworden sind?«

»Was meinst du damit?«

»Hast du dir überlegt, wie die reagieren, wenn sie das Buch lesen?«

»Ja ... Nein ... Ja. Außerdem soll es in dem Buch ja nicht um die Basis gehen. Das heißt, es soll schon um die Basis gehen, aber ich will sie feiern, ich will sie ermutigen. Die Feinde sind die in den Vorständen und Parlamenten. Diese machtgeilen Karrieristen.«

Sie dachte kurz nach, schien die Erklärung zu akzeptieren, hatte aber noch einen zweiten Einwand parat.

»Und was machst du, wenn die Piraten sich nicht feiern lassen wollen?«

»Was meinst du damit?«

»Wenn sie einen Cyberkrieg gegen dich starten. Wenn sie deinen Computer hacken und deine komplette digitale Existenz vernichten?«

Mit digitaler Existenz meinte meine Frau die drei Romane, die als eBooks, von der Öffentlichkeit unbemerkt, bei Amazon und iTunes vergammelten, das Sachbuch über richtige Männer, das ich aus irgendeinem Grund immer noch nicht zu Ende gebracht hatte, die vielen Drehbücher, die unverfilmt in der Schublade auf Erweckung warteten, und all die großartigen Ideen für Theaterstücke, die ich noch schreiben wollte und nie schreiben würde. Tatsächlich hatte ich nicht daran gedacht, dass die Piraten über Waffen verfügten, die einen braven Autor vernichten konnten. Andrerseits hatte ich aber auch erlebt, dass die meisten Piraten friedliche und harmlose Existenzen waren. Natürlich Nörgler, Lästerer, sie konnten schimpfen und beleidigen, aber dass sie jemanden ruinieren würden, der ihnen doch nur zeigen wollte, dass sie den falschen Weg eingeschlagen hatten, konnte ich mir nicht vorstellen. Ich wollte es mir auch nicht vorstellen, weil ich inzwischen zu sehr von dem Gedanken an das Buch infiziert war. Meine Frau war nicht infiziert. Und bevor sie wieder einschlief, drohte sie, mit unserer Tochter in ihre alte Heimat Schwaben auszuwandern, wenn ich zur Seeschlacht gegen die Piraten aufrufen würde. Ich hielt das für eine hysterische Reaktion.

Da die Ausschüttung von Serotonin und Testosteron mich nicht nur überwach machte, sondern auch in einen Zustand nervöser Aufruhr versetzte, begab ich mich, mit einem vierfachen Espresso bewaffnet, an den Schreibtisch und blätterte durch die Notizen, die ich mir im Laufe der letzten Monate gemacht hatte. Material war genug vorhanden. Und wo etwas fehlte, wurde es mit Sicherheit von den Piraten zeitnah nachgeliefert. Seit Bochum und dem Bundesparteitag tobten zum Beispiel in den Foren autoaggressive Stürme um den rechten Weg, wie ich sie nur von fundamentalistischen Gruppierungen aus der Steinzeit der Studentenrevolte kannte. Diese Sekten, die stets und überall das Heilsversprechen des kommunistischen Paradieses in Gefahr sahen. Hier zeigten die Ehrgeizigsten unter den Piraten endlich unverhüllt so populäre Charaktereigenschaften wie Gier, Hybris und Missgunst, während die empörte Basis prompt mit Neid, Hass und Misstrauen antwortete, was in toto erst das Piraten-Schauspiel perfekt machte. Damit war alles da, was ich für ein Buch brauchte. Dazu vielleicht noch: Regression, Realitätsflucht, Übertragung, soziale Hemmung. Außerdem: ewige Jugend, Arbeitslosigkeit, Atheismus und Vereinsamung. Natürlich auch Missgunst, Rachsucht und Niedertracht.

Und so nahm in dieser Nacht der Gedanke konkrete Gestalt an, der zu diesem Buch führte. Und bis hierher ist es auch ein nahezu vollständiger Reisebericht meines seekranken Trips auf der *Orange Pearl.* Was noch fehlt, ist die Antwort auf die Frage, was aus den Piraten wird und wie es überhaupt dazu kommen konnte, dass die Piratenpartei nach ihrem hoffungsvollen Stapellauf so sang- und klanglos kentern konnte.

Das Ende der Demokratie

Die Bedingungen waren für die Piraten doch eigentlich ideal gewesen.

Der britische Politikwissenschaftler Colin Crouch hatte im Jahr 2005, ein Jahr vor Gründung der Piratenpartei, die aufsehenerregende Diagnose in die Welt hinausgerufen: »Wir leben in der Phase der Postdemokratie.« Moderne Demokratien, hieß es in seiner Anklage, werden mehr und mehr von Privatinteressen kontrolliert. Der Staat wird nach Crouch von einer gierigen Finanzwirtschaft kolonialisiert, damit er in ihrem Interesse neoliberale Politik machen kann. Indem Abgeordnete in Lobby-Gang-Bangs von Industrie und Wirtschaft penetriert werden, verliert die repräsentative Demokratie ihre Legitimation. Zwar werden nach wie vor Wahlen abgehalten, aber eigentlich haben längst »konkurrierende Teams professioneller PR-Experten« die Macht an sich gerissen. Crouch meinte damit vermutlich diese spezielle Sorte Experten, die sich an Fasching nicht verkleiden müssen, wenn sie als neoliberaler Aal auftreten wollen. Das alles erinnerte mich an ein Gespräch mit meiner Frau, in dem sie meinte, Politiker stünden moralisch auf einer Stufe mit haushaltsnahen Krabbeltieren. Als ich sie fragte, ob sie den gesamten Bundestag für korrupt halte, meinte sie, man solle Hausmeister, Saaldiener und Sicherheitsleute bitte ausnehmen.

Gestützt wurde dieses Urteil von Umfragen wie der des Forsa-Instituts vom November 2010, wonach 79 Prozent (!)

der befragten Deutschen Zweifel daran äußerten, dass ihre Interessen in der Politik ausreichend berücksichtigt würden. Das war verständlich. Denn die braven Bürger waren jahrzehntelang Joseph Schumpeters Idee der Minimaldemokratie gefolgt und hatten auf den einen Abgeordneten gesetzt, den sie alle vier Jahre wählen durften. Doch inzwischen verstanden auch sie, dass dieser Abgeordnete nichts anderes tat, als sein imperatives Mandat durch die Mühlen des Parlaments zu quälen, wo er von Geldgeschenken bedrängt und im Fraktionszwang niedergerungen wurde, bis er am Schluss nicht mal den Kompromiss des kleinsten gemeinsamen Nenners erreichen konnte. Einer dieser Bürger, der Historiker Paul Nolte, erklärte deshalb frustriert, dass die repräsentative Demokratie an Bedeutung verlieren werde und andere Formen der Demokratie wichtiger würden.

Somit war doch alles da, was Piraten normalerweise brauchen, um die Politik zu kapern. Das Tor zum Erfolg stand sperrangelweit offen. Aber in diesem Moment der Wahrheit, als sie die Gelegenheit nur noch beim Schopfe hätten packen brauchen, versagten die Piraten. Sie verloren sich, wie gesehen, in endlosen Strategiedebatten, Personalquerelen und bürokratischen Irrgärten. Sie schafften es nicht, eine schlagkräftige Organisation aufzubauen. Sie beschäftigen sich hauptsächlich mit sich selbst und ihren persönlichen Animositäten. Aber zumindest in dieser Hinsicht waren sie in den Gepflogenheiten der Politik angekommen.

Lektion 21: Jemand muss der Schuldige sein

Dass ein Land, eine Gesellschaft, ein Volk sich in einer historisch einzigartigen Krise befindet, darf für die Führer einer Partei noch lange kein Grund sein, gemeinsam die richtigen Schritte zu unternehmen. Wichtiger ist es, ausgiebig, tiefgreifend und vor allem lange um die richtige Analyse der Gründe zu streiten. Hier empfiehlt es sich zudem, möglichst drastisch verschiedene Ursachen zu benennen. Zum Beispiel: Schuld sind die etablierten, korrupten Abgeordneten, die in Berlin, Paris, Athen und Brüssel Kompetenz behaupten, während sie mit onkelhafter Pampigkeit Ratlosigkeit, Korruption und Dekadenz verbergen. Oder: Es gibt da eine widerliche, geldgierige Machtelite aus Finanzwirtschaft und Konzernen, die die Politik zu Erfüllungsgehilfen degradiert und südeuropäische Länder in den Abgrund stürzt, damit sie später an ihrem Aufbau wieder Geld verdient. Es ist auch möglich, die Verantwortung für den Zerfall einer Gesellschaft der Horde der Netzaktivisten in die Schuhe zu schieben, die in der Kostenloskultur des Internets aufgewachsen, faul und willensschwach ist und ihren Lebensunterhalt durch ein bedingungsloses Grundeinkommen regeln will.

Wenn die Parteienlenker dann noch sehen, dass die Massen, die von Klima- und Atomkatastrophe verunsichert und von Steuererhöhungen und Rettungsschirmen für hedonistische Südeuropäer frustriert sind, nach Erlösung hungern, ist es wichtig, nichts zu unternehmen und sich stattdessen zu zerstreiten. Wertvoller als der Weg aus der Krise ist allemal das befriedigende Gefühl, Recht gehabt zu haben. Danach kommt: das persönliche Vorwärtskommen, die Eroberung von Macht und Pensionsansprüchen, die Diffamierung politischer Konkurrenten und die Vermeidung eines Verhaltens, das später als schuldhaft angeprangert werden könnte.

Die Verschwörung

Dass die Piraten vor allem diese Lektion verinnerlicht hatten, war zum Beispiel an dem verbalen Privatduell zu erkennen, das der Berliner Piraten-Abgeordnete Christopher Lauer mit dem Piraten-Vorstand Johannes Ponader austrug. Als ich davon erfuhr, dachte ich, die beiden erlaubten sich einen gemeinen Spaß mit Öffentlichkeit und Presse. Aber so war es nicht.

»Lieber Johannes, wenn du bis morgen 12:00 Uhr nicht zurückgetreten bist, knallt es ganz gewaltig. Ich seh mir nicht länger schweigend und untätig an, wie du meine Partei gegen die Wand fährst. Gruß, Christopher.«

»Hallo Christopher, ich treffe mich weiterhin gerne mit dir, um darüber zu reden. Wann hast du Zeit?«

»Man kann auch nur einen politischen Geschäftsführer neu wählen. Wird dann passieren, verspreche ich dir.«

»Damit habe ich kein Problem. Ich übergebe gern an jemand, der das besser macht.«

»Alter, wie verstrahlt bist du denn? Du merkst ja gar nichts mehr«, wunderte sich Lauer und hatte Schwierigkeiten, seine Wut zu zügeln.

Hätte die Auseinandersetzung nicht per SMS stattgefunden, hätte es in diesem Moment vermutlich blutige Nasen gegeben. Ponader schrieb dennoch unbeeindruckt in seinem Blog: »Ich war ein bisschen überrascht, denn diesen Stil kenne ich bislang nicht aus unserer Partei, zumindest nicht im Dialog mit Abgeordneten. Ich mache diese SMS öffentlich, damit Angriffe, die jetzt eventuell mehr oder weniger offen gegen mich erfolgen, im richtigen Licht stehen. Ich bin mir bewusst, dass die Veröffentlichung einer ›privaten‹ SMS eigentlich einen Vertrauensbruch darstellt, aber von Vertrauen kann bei dem Inhalt wohl keine Rede mehr sein. Ich harre also der Dinge, die da kommen. Herr Lauer: Jetzt heißt es einfach mal geil abliefern.«

Was für ein lächerliches Waterloo! Zwei Protagonisten der Piratenpartei waren so außer sich, dass ihnen das Image ihrer Partei nicht mehr wichtig war und ihnen für ihre Erregung kein anderes Ventil als die Öffentlichkeit einfiel. Die Partei schreckte auf, Twitter floss vor Ratlosigkeit und Häme über, man forderte den Vorstand auf, sofort zu handeln. Und was tat der Vorstand, um diese mediale Katastrophe aufzufangen? Er schlug vor: »Der Bundesvorstand möge beschließen: Es wird an alle Mitglieder per Limesurvey eine Umfrage verschickt, die folgende Fragen stellt: 1. Wie soll der BPT2013.1 inhaltlich/organisatorisch gestaltet werden? 2. Welchem Vorstandsmitglied sprichst Du Deine Unterstützung aus? 3. Welchem Vorstandsmitglied legst Du den Rücktritt nahe?« Konnte es noch dilettantischer zugehen? Nein.

Endlich eine Verschwörungstheorie

Manche in der Partei, darunter eine Weile lang auch ich, vermuteten, dass es sich bei der Häufung der medienwirksam ausgetragenen Kleinkriege nur um die Folge einer Verschwörung handeln könne. Es wurden ja aus nahezu jedem Landesverband im Wochenrhythmus rhetorische Metzeleien und seelisches Blutvergießen gemeldet. In Hessen wurde der Vorstand abgewählt, in Nordrhein-Westfalen war ein Gutachten zurückgehalten worden, woraufhin drei Vorstände zurücktraten. Und als wir bei der Wahl am 20. Januar 2013 in Niedersachsen eine krachende Niederlage erlebt hatten, fuhr ich mit meinem Mitpiraten Marco (ja, genau dem, der schon vor Monaten meinen Computer ferngesteuert hatte) am Wahlabend von Hannover zurück nach Berlin. Marco hatte sich ein paar Bier zu viel genehmigt, weshalb wir an jedem erreichbaren Parkplatz anhalten mussten, damit Marco aus dem Auto stürzen und sich auf alle erdenkliche Weise vom Flüssigkeitsüberschuss befreien konnte. Wenn er dann wieder neben mir saß, schimpfte er unverdrossen weiter. Dass wir nur 2,1 Prozent der Stimmen erhalten hatten, war für ihn schon kaum noch akzeptabel. Aber dass die FDP, diese Partei der geldgierigen, neoliberalen Egoisten, knapp 8 Prozent mehr Stimmen erhalten hatte, konnte laut Marco nur dreierlei bedeuten: Die Wähler waren Vollidioten, die FDP hatte irgendwas richtig gemacht, irgendjemand in der Partei war ein Maulwurf.

»Kannst du mir mal sagen, wieso die Piraten in Niedersachsen ausgerechnet Mohan Meinhart Krischke Ramaswamy zum Spitzenkandidaten gemacht haben?«, empörte er sich.

»Wieso, was hast du gegen ihn?«, fragte ich verwundert.

»Was soll ich denn gegen ihn haben? Der geht mir so was von am Arsch vorbei. Aber meinst du, der gemeine Niedersachse kann sich mit dem identifizieren? Mit seinen Lederhandschuhen sieht der ja aus wie mein Alter in den Siebzigern, wenn er mit seinem Opel Rekord unterwegs war.«

Da hatte er vielleicht Recht. Immerhin hatten wir in Niedersachsen mit 2,1 Prozent der Wählerstimmen sogar unseren »Balken« verloren. Das bedeutete, wir wurden in den Wahl-Diagrammen nicht mehr separat aufgeführt, sondern waren in der Rubrik »Übrige Parteien« untergegangen. Zusammen mit der »Partei bibeltreuer Christen« und der NPD, was Marco als persönliche Kränkung auffasste.

»Und was willst du damit sagen?«, wollte ich nun wissen.

»Irgendjemand ist dafür verantwortlich, dass es so beschissen läuft. Irgendjemand ist ein U-Boot. Vielleicht sogar jemand aus dem Vorstand.«

Marco sah mich herausfordernd an und verlangte wortlos meine ungeteilte Zustimmung. Ich hielt das für übertrieben, konnte mich dem Gedanken aber auch nicht komplett verschließen. Wenn eine Partei es schafft, sich fortwährend zu blamieren, steckt dahinter entweder System, oder die Protagonisten sind dämlich, oder sie können nicht anders, weil sie narzisstische Zwangscharaktere sind. Nachdem Marco derart zum verschwörungstheoretischen Rundumschlag ausgeholt hatte, schlief er auf der Höhe von Magdeburg glücklicherweise ein, und ich konnte ohne weitere Unterbrechung nach Hause fahren.

Als der Schock eine Woche später nachgelassen hatte, wurden zur Erklärung des Niedersachsen-Desasters die alten Begründungen ausgepackt. Der ewige Piratenstreit, die schlechte Performance des Vorstandes, die undisziplinierte Basis, die Themen, die man nicht in den Vordergrund gestellt hatte, mussten als Diagnose herhalten. Das klang gut, beruhigte die erschreckten Gemüter, war aber deshalb nicht unbedingt wahr. Natürlich mussten auch Verantwortliche gefunden werden, da eine Niederlage ohne Schuldzuweisung nur halb so befriedigend ist. In vorderster Front standen hier mal wieder die üblichen Verdächtigen: Ponader, Schlömer und die undisziplinierte Basis. Business as usual.

Nachdem wir in Berlin angekommen waren und ich Marco in Friedrichshain auslud, erklärte ich ihm noch, dass seine Verschwörungstheorie wie alle Verschwörungstheorien letztlich nur Ausdruck von Verzweiflung, Geltungsdrang und Paranoia sei. Wieso sollte jemand in der Piratenpartei absichtlich ihren Untergang herbeiführen wollen? Wer würde sich solche Mühe machen? Und wofür? Marco hörte mir müde zu, nickte und verstand. Er schlurfte in sein Haus und erwähnte die Verschwörung nicht wieder. Was ich ihm allerdings nicht erklärt hatte, war, dass es sehr wohl jemanden gab, der den Untergang der Piraten herbeiführen wollte – nämlich mich.

Es war ja von Anfang an mein großes Ziel gewesen, die Piratenpartei am Erfolg zu hindern, damit sie ihre Ideen von einem neuen Urheberrecht nicht umsetzen konnte. Aber das musste Marco nicht wissen. Das sollte überhaupt niemand wissen, weil ich ja ohnehin armselig gescheitert war. Nicht nur an mir und meiner Inkompetenz, sondern vor allem an den Strukturen und dem Personal der Partei. Und da lag meines Erachtens überhaupt der Königsweg zum Scheitern. Es war nämlich nicht die ungehorsame Basis, die sich nicht disziplinieren ließ, die als amorphe Masse dauerhaften Piraten-Erfolg verhinderte, es waren diejenigen an der Spitze, die ihrem Gründungsmythos nicht vertrauten.

Lektion 22: Was im Moment der Niederlage zu tun ist

Im politischen Geschäft ist kaum etwas so wichtig wie das richtige Verhalten im Moment der Niederlage. Hier wird entweder der Keim für das Comeback gelegt oder der Absturz ins Nichts vorbereitet. Als Führer der Partei darfst du Verantwortung nur dann übernehmen, wenn sich sonst niemand findet, auf den sie abgeschoben werden kann. Erkläre, dass du über Konsequenzen nach-

denkst und dich mit deinen Freunden beraten willst. Zeige dabei tiefe Betroffenheit. Gratuliere deinem Gegner, reiche ihm die Hand und leugne die Niederlage. Danke deinen Helfern, obwohl du weißt, dass sie zu faul waren, sich für dich so richtig ins Zeug zu legen. Verweise auf Wählerbefragungen, die besser waren, sowie darauf, dass du deine Wähler nicht mobilisieren konntest, weil das Wetter zu gut oder zu schlecht war. Du weißt natürlich, dass die Wähler verblödete Schafe sind und keine Ahnung von den gesellschaftlichen Problemen haben, aber das sagst du nicht. Stattdessen sagst du, dass du deine bessere Politik nicht vermitteln konntest. Rede unbedingt und fortwährend den Sieg deines Gegners klein. Vermeide den Ausdruck Sieg im Zusammenhang mit deinem Gegner. Sage niemals Gegner, sondern betone, dass die andere Partei, die aus unerklärlichem Grund mehr Stimmen bekommen hat, bald scheitern wird. Und dass du in diesem Fall bereitstehst, um die Kohlen oder Kastanien oder was auch immer aus dem Feuer zu holen.

Versilberte Rebellen

Als die Piratenpartei vor Jahren in See gestochen war, hatte sie aus einem Haufen von Nerds bestanden, die sich mit Lust und Unverfrorenheit den Riten des politischen Betriebs verweigerten. Mehr oder weniger bewusst hatten sie erkannt, welche faszinierenden und auch unberechenbaren Möglichkeiten das Internet bot. Hier war ein technisches Instrument entstanden, das eine Kommunikationsrevolution auslösen konnte, wie es sie seit Gutenbergs Erfindung des Buchdrucks nicht mehr gegeben hatte. Entsprechend dreist und anmaßend behaupteten Piraten das Ende der klassischen Parteien, der parlamentarischen Demokratie, des Lobbyismus, des Urheberrechts usw. Sie forderten stattdessen Basisdemokratie, Transparenz, politische Teilhabe, sie verneinten all die Strukturen, die das Wesensmerkmal von Parteien in der repräsentativen Demokratie darstellen.

Indem die Partei den Primat des Internets behauptete und dort die Machtfrage stellte, wurde sie logischerweise für sich und viele andere zu einer echten Alternative. Zwar undefiniert und diffus, aber zumindest neu und in die Zukunft gerichtet. Wer beherrscht die Politik, wollten die Piraten wissen. Eine Clique aus abgehobenen Spezialisten, korrupten Verwaltern des Volkswillens? Oder der intelligente Schwarm im Internet, der chaotisch, rebellisch und bürgernah eine neue Politik forderte? Die Lobbyisten oder die Netzgemeinde?

Gerade weil die Piratenpartei diese Frage stellte, war sie für viele, die sich schon lange nicht mehr in der lahmen und erstarrten Parteienlandschaft vertreten sahen, eine Antwort geworden. Sie wurde die ersehnte Heimat, das Nest, in das man politisch, aber, noch viel wichtiger, auch emotional schlüpfen konnte. Für die isolierte Singlegesellschaft war das ein wichtiger Faktor. Die Generation Netz, die Basisdemokraten und Systemkritiker konnten ihre Sehnsüchte in die neue Partei hineinprojizieren.

Aber auch die vielen Enttäuschten aus dem bürgerlichen Lager, die das Vertrauen in die Politik und ihre Vertreter verloren hatten, waren bereit, ein Wagnis einzugehen. In der Piratenpartei sahen sie die Chance, ihre Bedürfnisse und Wünsche artikulieren und mit Hilfe des Internets vom Objekt der Politik zu ihrem Subjekt werden zu können. Egal ob es sich um Guttenplag, Wikileaks oder Acta handelte, um Initiativen in der Nachbarschaft oder den Twitter-Aufschrei gegen Sexismus, es gab genug Beispiele, wie und wo das Internet zu einem wirksamen Instrument der außerparlamentarischen Opposition werden konnte. Und die Piratenpartei schien in diesem Spiel der außerparlamentarische politische Arm des Netzes zu sein. Eine Partei, die sich den Regeln verweigerte, die neue Formen der Teilhabe suchte und mehr Demokratie versprach.

Doch dann geschah etwas, das ein Naturgesetz des Lebens zu sein scheint, etwas, das unzählige Beispiele in der Historie hat und Stoff für Romane und Theaterstücke lieferte: die Versilberung des Rebellen. Bei Winston Churchill hieß es: »Wer mit zwanzig Jahren kein Kommunist ist, hat kein Herz. Wer mit dreißig Jahren noch Kommunist ist, hat keinen Verstand!« Und dieser Satz beschreibt treffend einen Prozess, bei dem der Idealismus sich in Materialismus verwandelt, der Altruismus in Egoismus. Bei den Piraten hat es allerdings nicht die von Churchill vorgesehenen zehn Jahre gedauert, sondern passierte im digitalen Tempo in der Hälfte der Zeit.

Verführt von der Zustimmung des Publikums, begeistert von der medialen Aufmerksamkeit und gelockt von der Aussicht auf Macht und Geld, wollten die Piratenführer sich nicht mehr mit ihrer Rolle als Vertreter der digitalen Opposition zufriedengeben. Sie wollten in die Parlamente einziehen, wollten dort Politik machen und ihre Forderungen durchsetzen. Die Gefahr freilich war, dass sie dafür genau wie die werden würden, die sie bisher abgelehnt hatten – ordentliche Vertreter einer ordentlichen Partei. Und die Piraten wussten um diesen moralischen Tabubruch, weshalb sie kurzerhand von sich behaupteten, menschlich anders als die etablierten Politiker zu sein. Sie glaubten, dass die Kraft ihrer kindlich unschuldigen Herzen sie in die Lage versetzen könnte, das herrschende System zu stürzen, ohne wie das verhasste Establishment werden zu müssen.

Im Gegensatz zu den großen menschenschindenden Ideologien und Religionen sehen sie den neuen Menschen nicht in der erlösenden Zukunft des Himmels oder des Kommunismus. Im Gegenteil. Sie sehen sich selbst schon im Diesseits als die besseren Menschen, denen das gemeine, analoge Volk lediglich folgen muss, um den Garten Eden zu erreichen. Der Ort, an dem die Milch des bedingungslosen Grundeinkommens und der Honig der totalen Transparenz fließen. Deshalb haben die Piraten auch kein Programm, das diesen Namen verdient. Und wenn sie doch eines erstellen, dann ist es wie oben gezeigt löchrig und nichtssagend. Sie haben ja auch etwas viel Besseres anzubieten: Sich selbst. Gute, authentische Menschen, die frei sind von den scheußlichen Trieben, die in den sieben Todsünden aufgeführt werden: Eitelkeit, Neid, Zorn, Geiz, Maßlosigkeit, Selbstsucht und Faulheit. Dass sie nun, ursprünglich angetreten als anarchistische Avantgarde, die für Gerechtigkeit, Transparenz und Teilhabe kämpft, geradewegs in den bürgerlichen Karrierehafen einlaufen wollten, wo auf dem Trockendock des politischen Mainstreams Desillusionierung und Spießertum warteten, scheint die Ironie aller Revolutionen zu sein.

Aber da die Hoffnung bekanntlich zuletzt stirbt, wollten die Piraten es also einmal versuchen und fragten sich: Ist es nicht doch möglich, dass eine Partei anders ist als alle anderen Parteien? Selbstverständlich! 2010 erklärte die Piratenpartei in einer Pressemitteilung, dass »mit Hilfe neuer technischer Mittel Demokratie heute neu erfunden werden kann«. War also der alte Traum von der hierarchielosen Hierarchie doch möglich? Oder war es so, wie ein Pirat aus meiner Crew uns schon vor Monaten vorausgesagt hatte? »Was passiert denn, wenn wir Piraten jubelnd den Hafen der Parlamente erobern?«, bellte er aufgeregt in die Runde und erntete ratloses Schweigen. »Wir werden in das Trockendock der Macht gelenkt und selbst geentert. Wir passen uns an und werden genauso spießig, wie es alle anderen längst geworden sind.«

Stimmte das? Bisher waren die Piraten getreu ihrem Namen als skrupellose Seeräuber aufgetreten. Die Partei hatte dem Publikum das Internet als das Paradies verkauft, zu dem man als sozialer Selbstmordattentäter unbeschränkten und anonymen Zutritt habe, sobald genügend Piraten Ämter und Posten in der Politik erobern könnten. Dann sollte man viele schöne Dinge machen dürfen, ohne dafür in irgendeiner Währung bezahlen zu müssen. Beleidigende Ausfälle lancieren, Bücher und Musik herunterladen, Attacken auf kapitalistische Ausbeuterkonzerne starten, den eigenen Vorstand verunglimpfen, all das würde in jeder Hinsicht kostenfrei möglich werden. Doch kaum hatten die Piraten Mandate und Posten erobert, nahmen sie von diesen Versprechen Abstand. Und nun konnte jeder deutlich sehen, worin der große Irrtum, gewissermaßen der Geburtsfehler der Piratenpartei bestand.

Blockwarte des Netzes

Sieben Jahre nach Gründung der Piratenpartei haben die Piratenkapitäne Angst vor der eigenen Courage bekommen. Und wer sie näher kennenlernt, stellt fest, dass sie keine Denker, sondern Verwalter, keine Eroberer, sondern Bewahrer, keine Visionäre, sondern Hausmeister sind. Was ist denn, fragen sie sich besorgt, wenn nicht nur ein paar Nerds, sondern alle Bürger das Netz benutzen? Unkontrolliert, chaotisch, egoistisch, antieuropäisch, manchmal rassistisch, sexistisch und alles in allem politisch nicht korrekt? Geht das denn? Braucht es da nicht eine Kontrollinstanz? Jemanden, der aufpasst? Und wer soll das sein, wenn nicht wir, raunen sie sich zu. Also versucht die Partei, die Möglichkeiten des Netzes für ihre Machtplanung zu instrumentalisieren, indem sie die Energie der Basis domestiziert und zentralisiert.

Gelenkt von Karrieristen, verliert die Piratenpartei so allen Mut und verwandelt sich in eine Versammlung von Bürokraten und intellektuellen Blockwarten, die der Piratenbasis ihre vitalste Energie raubt.

Schlömer, Nerz und Co. warfen prompt die Idee einer wirklichen Basisdemokratie über Bord. Sie behaupteten, der geniale Piraten-Schlachtruf »Themen statt Köpfe« sei von Anfang an ein romantischer und unrealistischer Plan gewesen und nun müsse das Konzept durch die neue Losung »Köpfe statt Themen« ersetzt werden. Vermutlich wollen auch sie sich endlich für den jahrelangen Kampf belohnen und an den Schaltstellen der Macht und den Fleischtöpfen der Diäten sitzen. Die Partei soll ordentlich, vernünftig, aufgeräumt sein. Die Kommunikation strukturiert und gezähmt. Es soll das

Beste destilliert werden. Der Unsinn, das Falsche, das Destruktive müsse verschwinden, damit das Konstruktive, Pragmatische bleiben könne.

Aber war es das, was die Piratenpartei wollte, als sie an den Start ging? Wollte sie Abgeordnete, die sich genauso intrigant verhalten wie die Politikerkaste, die wir immer verurteilt haben? Natürlich nicht. Und es gibt auch genug Piraten, die sich in Blogs und auf Twitter zur Wehr setzen. »Macht wird ausgenutzt, Spielchen werden gespielt, Mobbing über Twitter oder über die Medien gehört fast schon zur Tagesordnung«, warnt einer von ihnen in seinem Blog. Er weiß: »Inzwischen scheinen so was wie Droh-SMS so ›normal‹ zu sein, dass die Täter nicht mal mehr öffentlich kritisiert werden. Hier passiert sie: Ganz offen vor unseren Augen. Politische Nötigung.« Und ein anderer ergänzt: »Bereits seit 2009, als der große Sündenfall im Landesverband Berlin begangen wurde, wurden Mitglieder im Berliner Landesverband diffamiert, verleumdet, beleidigt, bedroht und systematisch mundtot gemacht.« Er spricht sogar davon, dass ein »Klima der Angst innerhalb der Partei [herrsche], die ›falsche‹ Meinung zu haben.«

Aber das ändert alles nichts daran, dass ein Großteil der Partei kein Chaos mehr, sondern Ordnung haben will. Vielleicht ist das auch unvermeidlich und somit nachvollziehbar. Die Piraten sind vom Erfolg überrollt worden. Und sie haben gemerkt, dass es mehr als Protest durch Verweigerung braucht, um eine Gesellschaft zu gestalten. Was tun sie also? Sie erarbeiten sich Kompetenz, um ernst genommen zu werden. Sie lernen die Mechanik politischer Deals, üben sich darin, wie man taktiert und notfalls auch intrigiert. Und das tun sie nicht, weil es von Anfang an ein geheimer Plan war, sondern schlicht, um zu überleben. Aber auf diesem Weg wird gerade die Piratenpartei unausweichlich zum – um es mit Sigmund Freud zu sagen – politisch analen Charakter des Internets werden. Ist das jedoch zwangsläufig das Ende? Müssen wir alle Hoffnung fahren lassen?

Neben all den herausragenden Charakteren, die ich bisher in diesem Buch beschrieben habe, fehlt noch einer, der nicht zu den Promis gehört, der sein Dasein am Rande der Piratenpartei führt und deshalb gerne übersehen wird. Aber vielleicht ist dieser Charakter der authentischste und hoffungsvollste Pirat. Der, auf den es sich zu setzen lohnt. Ein Nerd mit abgebrochenem Physikstudium und spektakulären Ideen zum Zustand und zur Zukunft der Piratenpartei. Ein verrückter Kopf, der den 2. Hauptsatz der Thermodynamik herbeizitiert, um uns zu erklären, was wir zu erwarten haben.

Einstein oder wie Physik die Welt rettet

Er hat nächtelang gegrübelt, hat gelesen und geforscht und kann nun nicht verstehen, wieso sie es nicht begreifen. Dabei ist es doch so simpel. Es ist die Physik, die die Welt lenkt, nicht die Politik oder das Sein oder irgendein Diktator. Wie oft hat er es schon erzählt. Immer wieder von vorne begonnen. Und so auch jetzt. Es beginnt mit einer Frau Eva und ihrem Mann Adam irgendwo in Griechenland, einige tausend Jahre vor der Erfindung des jüdischen Gottes. Die Herrschaft über das Leben, den Tod, das Wetter und, nicht zu vergessen, die Liebe gehört allein den Göttern Zeus, Athene, Aphrodite, Apollon usw. Für Jahrhunderte sind Eva und Adam deren göttlicher Weisheit und schlechten Launen mitsamt sexuellen Obsessionen ausgeliefert.

Als aber verbesserte Techniken beim Schiffbau es dem Menschen möglich macht, sein Reich auszudehnen, muss auch die göttliche Macht internationalisiert werden. Eva und Adam, inzwischen Bewohner des nordafrikanischen Karthagos, sind nämlich nicht bereit, einen griechischen Zeus oder eine römische Diana anzubeten. Etwas Neues muss her, etwas Allumfassenderes, Abstrakteres. Von da an löst über viele Jahre hinweg ein Gott, der kein Gesicht und keinen Körper mehr hat, die alten griechischen und römischen Heldengötter ab. Und auf diesen neuen Gott können sich viele Völker einigen (ein paar von ihnen freilich nur mit Ge-

walt) und müssen nicht länger zu fremden Götzen beten. Hier erleben wir, erläutert unser Held dann seinen Zuhörern, was der 2. Hauptsatz der Thermodynamik sagt: Die Entropie nimmt zu. Die gestalthaften Götter verschwinden und machen Platz für einen allgegenwärtigen, irgendwie geisthaften, gasförmigen Gott.

Und dieser Gott Jahwe oder Allah residiert nicht mehr nur fern im Himmel, sondern tritt durch seinen Sohn Jesus oder Mohammed mit den Menschen in direkte Verbindung. Das ist eine Veränderung hin zu ein wenig mehr göttlicher Demokratie. Seine Macht über Eva und Adam kann dieser Gott nun über Jahrhunderte hinweg behaupten und in der christlichen Welt durch ein cleveres Verwaltungssystem namens katholische Kirche und Papsttum festigen. Aber auch hier ist die Zunahme der »Entropie« deutlich zu sehen, die Macht diffundiert. Der monotheistische Gott wird in der Kirche durch Päpste, die wiederum weltliche Herrscher berufen, Kardinäle und noch mehr Bischöfe und Pfarrer vertreten. Und nun dauert es noch bis zum Hochmittelalter, bis die Erfindung des Buchdrucks diesem System einen Schlag versetzt, der zumindest in Europa seine Alleinherrschaft beendet.

Eva und Adam beginnen zu zweifeln, fangen an zu lesen, schreiben selbst Bücher und stellen unangenehme Fragen. Auch hier nimmt die »Entropie« weiter zu, als endlos viele Fürsten, Könige, Kaiser sich zu Herrschern aufschwingen, bis sie in der Industrialisierung von dem aufkommenden Bürgertum als politische Macht abgelöst werden. Von jetzt an sind es außer Eva und Adam noch weitere Millionen von Bürgern, die mehr oder weniger demokratisch Parlamente wählen können, die wiederum die Geschicke eines Landes in die Hände nehmen und heute noch halten. Eigentlich könnte es dabei bleiben. Noch in den achtziger Jahren des vorigen Jahrhunderts gab es keine Anzeichen, dass die politische Macht noch weiter diffundieren könnte. Es sah so aus, als wäre das politische Atom nicht ewig spaltbar.

Doch dann kommt das Internet, und seitdem befinden wir uns an einem neuen und entscheidenden Punkt der Entropie. Die Macht wird auf die Millionen Benutzer des Netzes verteilt. Der

Bürger wird ermächtigt, und Parlamente und Abgeordnete verlieren ihre Bedeutung. Das ist die Zukunft, ruft unser Physiker seinen Zuhörern zu, das ist die Antwort. Und die müssen wir Piraten beachten. Aber wie immer wird er nicht gelesen und nicht gehört. Einfach weil er zu schlau ist.

Das Chaos als die höchste Ordnung

Wenn es stimmt, was der schlaue Pirat sagt, könnte hier die Chance für die Piratenpartei liegen, eine wahrhaft umwälzende Kraft der Politik zu werden. Alles, was sie tun muss, ist, den Veränderungen Rechnungen zu tragen, die das Internet heute für uns bereithält. Seit Gutenbergs Erfindung des Buchdrucks hat es ja keine derartige Revolution der gesellschaftlichen Kommunikation mehr gegeben. Gutenberg hatte das Ende des Kommunikationsmonopols der katholischen Kirche erzwungen, indem er es dem Volk ermöglichte, Bücher zu kaufen, zu lesen und sich dadurch aus erster Hand zu informieren. Plötzlich konnte der mittelalterliche Mensch feststellen, dass in der Bibel nichts von Ablasshandel und Hexen steht. Das zog radikale Veränderungen nach sich.

Und jetzt also das Internet, der zweite, grundlegende Kommunikationswandel. Wer mit dem Internet umzugehen weiß, kann sich in Sekunden darüber informieren, wie es tatsächlich um den Rettungsschirm für Griechenland aussieht, kann herausfinden, dass der Baron Guttenberg und die Ministerin Schavan ihre Doktorarbeiten abgeschrieben haben, kann entdecken, wer wie viel woran verdient. Das ist die globale Ermächtigung des Menschen.

Aber seien wir uns auch darüber im Klaren, dass der Buchdruck zwar die Veröffentlichung der Enzyklopädie der Aufklärung, von Shakespeares Werken und der sieben Harry-Potter-Bände ermöglichte, aber auch die katholische Bibel, die Mao-Bibel, das kommunistische Manifest und Hitlers *Mein Kampf* ans Tageslicht brachte. Reformation, Aufklärung, die

Amerikanische und Französische Revolution wären ohne Gutenberg nicht zustande gekommen. Das Gleiche gilt aber auch für die Russische Revolution und den Nationalsozialismus.

Und analog dazu erlaubt nun das Internet Hacking, Spamming, Anonymous und Lulzsec. Alles Erscheinungsformen einer neuen Demokratie. Eine, in der es Fremdenfeindlichkeit, Rechtspopulismus, Links- und Rechtsextremismus gibt. Antidemokratische Strömungen, die gefährlich sind und die trotzdem existierten. Da geht es gegen Nazis, Finanzkapitalismus, Chaoten, Machos, Schwule, Politiker, Ausländer, Startbahnen, Flugrouten, Bahnhöfe und Atom. Dann werden Server gehackt oder Demonstrationen gestartet. Das ist nicht immer aufklärerisch und politisch korrekt. Und es zeigt, dass ein Volk sich nicht immer solidarisch verhalten muss. Etwa bei Großprojekten wie Stuttgart 21 oder den Überlandleitungen, die Ökostrom von Nord nach Süd transportieren sollen. Oder dem Berliner Großflughafen, der immer neu die Flugrouten ändern muss, weil die Bürger sich weigern, nachts um fünf von Ferienfliegern geweckt zu werden, mit denen ihre Kinder nach Mallorca unterwegs sind.

Der englische Begriff »Nimby« (Not in my back yard) beschreibt sehr treffend, was dahintersteht, wenn der Bürger mit Hilfe des Internets in seiner Nachbarschaft lärmintensive Kindertagesstätten und Lebenslust beleidigende Hospize verhindert. Wenn er mit Thilo Sarrazin sympathisiert, das Tempolimit auf den Autobahnen ablehnt, sich gegen Moscheen ausspricht und sich nicht so gutmenschlich erweist, wie man sich das in den politischen und kulturellen Burgen wünscht. Und trotzdem bedeutet das Netz die Ausweitung der politischen Kampfzone durch ein technisches Medium, das wie kein anderes der letzten 500 Jahre die Welt verändert.

Lektion 23: Scheußliche Gefahren für den politischen Erfolg

Jenseits der inner- und außerparteilichen Grabenkämpfe, die jedem drohen, der in einer Partei Karriere machen will, gibt es noch eine weitere beunruhigende Bedrohung für den politischen Erfolg. Obwohl diese scheußliche Gefahr schon seit längerem besteht, ist sie bisher noch nicht gebührend gewürdigt worden. Sie heißt »Parteimitglieder« (piratisch auch »Basis« genannt) respektive »Wählerschaft«. Diese inhomogene Bande von ungenierten Nassauern, scheinheiligen Heuchlern und undankbaren Egoisten gaukelt dir und deiner Partei ewige Treue und Solidarität vor, unterstützt dich und lässt dich im Glauben, du könntest auf sie bauen. Tatsächlich aber ist diese Clique bereit, dich bei der erstbesten Gelegenheit wie eine heiße Kartoffel fallen zu lassen. Gerade wenn du dachtest, du würdest die Schwefelbande kennen, wüsstest, was sie braucht, musst du im nächsten Moment feststellen, dass sie einen eigenen, unbeständigen und unberechenbaren Willen hat. Von einem Tag auf den anderen kehrt sie dir den Rücken zu, läuft zum Gegner über und macht, was ihr gerade in den Sinn kommt.

Das Schlimme daran ist, dass sie dadurch deiner Kontrolle entgleitet. Und noch schlimmer ist, dass du nichts dagegen tun kannst, außer deine bisherigen Standpunkte schnellstens über Bord zu werfen und durch jene auszutauschen, die bei der »Wählerschaft« Erfolg versprechen. Dafür musst du dich als politisches Greenhorn nicht schämen, alle machen es so. Solltest du allerdings daran zweifeln, dass diese Bande zunehmend Erfolg hat und sich den Teufel um Parteien und Protagonisten schert, so schau dir den desolaten Zustand der Piratenpartei an.

Die digitale Büchse der Pandora

1969 erhob der damalige Bundeskanzler Willy Brandt die Forderung, »mehr Demokratie [zu] wagen«. 43 Jahre später ist sein Wunsch durch Anonymous, Lulzsec, Shitstorm, Angriffe auf Server und Liquid Feedback in Erfüllung gegangen.

Oder meinte Brandt doch eine andere Demokratie oder wenigstens nicht diese radikale? Oder war seine Forderung gar eine Ideologie? Nun, was auch immer Brandt vorschwebte, der eingeschlagene Weg ist schon jetzt unumkehrbar. Das Internet *folgt* nämlich keiner Ideologie, sondern *ist* eine Technologie. Allerdings eine, die die grundlegende Emanzipation des gegenwärtigen Menschen ermöglicht. Darin ist sie den großen revolutionären Technologien Buchdruck, Dampfmaschine, Elektrizität gleich, die ebenfalls die Emanzipation des Menschen von Unterdrückung oder Not ermöglicht haben. Und anders als die Menschenexperimente Kommunismus oder Katholizismus führt sie nicht durch ein Tal der Selbstkasteiung, des Blutes und des Todes, bevor der Garten Eden erreicht wird.

Mit den Möglichkeiten der digitalen Social Media kann jeder mit jedem in Echtzeit in Kontakt treten, um ohne physischen Einsatz eine politische Masse herzustellen. Das bedeutet, der Bürger braucht keine Repräsentanten mehr und letztlich noch nicht mal ein Parlament, weil beide nicht mehr fähig sind, seine Bedürfnisse wahrzunehmen oder gar zu berücksichtigen. Dass damit eine Kaste von bisher Unangreifbaren verwundbar wird, macht nicht nur den Vertretern der etablierten Parteien gehörig Angst, sondern inzwischen auch den Karrieristen in der Piratenpartei. Sie haben die Liquid Democracy ausgerufen, haben ein Werkzeug für die Bürgerbeteiligung geschaffen und stellen fest, dass die Organisationsformen der Politik völlig neu definiert werden und über sie hinwegrollen.

Nicht Liquid Feedback, sondern die Gesamtheit der Social Media macht sich nun auf, die klassische Volksvertretung zu ersetzen, was sich als Bedrohung der traditionellen repräsentativen Demokratie erweist. Dabei war das doch der Ort, in dem die Piratenführer ihr politisches Paradies sahen. Die Piraten werden also mit dem schönen Satz aus den Märchen der Gebrüder Grimm konfrontiert: Bedenke, was du dir wünschst, es könnte dir gewährt werden. So wie die Musikindustrie erleben musste, dass das traditionelle Album nicht mehr als Gesamtpaket gekauft wird, sondern der Konsument stattdessen im Cherry Picking den besten Titel online herunterlädt, so kann der digitale Bürger mit Hilfe von Liquid Democracy die Finanzpolitik der FDP, die Umweltpolitik der Grünen, die Sozialpolitik der SPD und die Kulturpolitik der CDU sowie das Ende der Piratenpartei per »Gefällt mir«-Button wählen.

Dass dadurch zudem keine parlamentarischen Mehrheiten entstehen können, dass Entscheidungsprozesse, die gesellschaftliche Notwendigkeiten beschreiben, bis zum Stillstand demokratisiert und politische Themen atomisiert werden, ist ein Problem, auf das derzeit niemand eine Antwort hat, obwohl alle wissen, dass es dazu kommen wird.

Die Ökonomin Shoshana Zuboff sprach in einem Gespräch mit der *FAZ* von einem wirtschaftlichen Paradigmenwechsel, der durch das Internet ausgelöst werde. Sie stellte fest, dass das System des Managerkapitalismus mit seiner konzentrierten Organisation, hierarchischen Kontrolle und Ausrichtung auf den Massenkonsum an seine adaptiven Grenzen gestoßen sei. Die Welt, erklärte sie, sei auf dem Weg in die dezentralisierte Wertschöpfung, und die Dezentralisierung ginge von den Individuen aus. Firmen, die das nicht verstünden, würden verschwinden. Wenn man diesen Gedanken auf die Politik überträgt, ist das Ende der Piraten wie jeder anderen Partei absehbar. Hierarchische Kontrolle, konzentrierte Organisation hat sich auch in der Politik überlebt.

Dabei geht es nicht darum, etwa die Leiche des Anarchismus aus dem Grab zu holen. Es geht auch nicht um ein Zurück in vordemokratische Strukturen, man kriegt eben die Zahnpasta nicht mehr zurück in die Tube, und der Deckel auf der Büchse der Pandora war noch nie wirklich dicht.

Phönix aus der Asche

Diejenigen aber, die sich bisher bei den Piraten versammelt haben, besitzen die einzigartige Chance, eine neue Politik zu erproben, zu ergründen und zu erobern, und zwar gerade dort, wo ihre Vision nicht aufs Parlament zielt. Sie können die Vertreter einer neuen Zeit sein, Anwälte und Berater einer Atomisierung der Politik, der Ermächtigung des Einzelnen, einer Demokratie aller Bürger, die den Namen wirklich verdient. Dazu müssen sie lediglich aufnehmen, was in Unternehmen und der Fußballnationalmannschaft »Postheroism« heißt, ein System, in dem es keine herausragenden Führerpersönlichkeiten mehr gibt. (Konsequenterweise wurde in London die olympische Flagge von sieben unbekannten Sportlern und nicht von einem Helden oder einer Heldin entzündet.) Sie können den Paradigmenwechsel der Politik begleiten, den das Internet (und die Physik!) erzwingt und dessen Bedingungen und Ziele niemand voraussagen kann.

Und sie sollten die Aufforderung an die Künstler, mit der neuen, digitalen Zeit zu gehen, um das Publikum zu erreichen, auf sich selbst anwenden. Alle, die heute eine neue Politik machen wollen, müssen, wenn sie ihre Philosophie ernst nehmen, auch neue Methoden finden, wie sie das Publikum, den Wähler, ansprechen können, neue Wege, um eine Politik 3.0 zu verwirklichen. Bei den Piraten verhindern das derzeit unter anderem diejenigen, die in anderen Parteien nichts geworden sind und nun auf dem Ticket der Piratenpartei in den Bundestag segeln wollen. Wenn diese Clique triumphiert, wird auch aus den Piraten das, was alle Parteien derzeit sind: eine politische Verwertungsgesellschaft.

Doch wenn die Basis im Netz sich durchsetzt, sich nicht dominieren und instrumentalisieren lässt, dann wird sie Geschichte schreiben. Und zwar ohne dafür eine Partei zu benötigen.

SCHLUSSWORT

Der Anfang vom Ende

Als ich im April 2012 der Piratenpartei beitrat, bewegt von einem emotionalen Potpourri aus Empörung, Mordlust und Neugier, wollte ich mit allen Mitteln verhindern, dass die Piraten 2013 in den Bundestag einziehen. Heute, im August 2013, weiß ich, dass das Piratenprojekt politisch gerade dann am Ende ist, wenn der Einzug in den Bundestag gelingen sollte.

Der Grund dafür ist jedoch nicht die vielgescholtene Basis, die ja sichtlich, und mit selbstzerstörerischer Lust, am Untergang ihrer Partei arbeitet. Ja, es stimmt, sie vergrault die engagiertesten Kräfte, macht die Vorstände zum dressierten Äffchen einer meinungsamorphen Masse, zahlt keine Beiträge und verhindert, dass die Partei sich programmatisch weiterentwickeln kann. Aber all das sind nur Symptome. Genauso wie die Atmosphäre der Autoaggression in den Foren und auf Versammlungen oder die Verletzungen, Beleidigungen, Entwürdigungen, die wichtige Punkte der Piraten-Tagesordnung sind und bei den Verursachern wie bei den Betroffenen zu einer kraftvollen Ausschüttung von Adrenalin führen – Symptome, die auf den systemischen Grundwiderspruch der Piratenpartei hinweisen.

Und wer die Piratenpartei mal herablassend, mal händeringend ermahnt, sie müsse sich professionalisieren, müsse Antworten finden, sich zu »Köpfen« durchringen, das Chaos und die Shitstorms bändigen, hat nicht erfasst, wo das eigentliche Problem liegt. Er oder sie argumentiert aus den Strukturen der parlamentarischen Demokratie heraus und verfehlt den Kern des Konflikts: In Zeiten der Social Media, wenn die

Bürger durch diese außerordentlichen Möglichkeiten zu kommunizieren ermächtigt werden, Subjekt ihrer Geschichte zu sein, ist eine Partei ein zu enges Korsett.

Die Krise der parlamentarischen Demokratie verweist darauf, dass klassische Parlamente zu sehr Politik 1.0 sind und weder die Atomisierung noch den Narzissmus des Netzes erfassen können. Die neuen »Parlamente«, die derzeit entstehen, sind Kommunikationsplattformen und soziale Netzwerke. Sie heißen Facebook oder Twitter oder Liquid Feedback. Ihre »Abgeordneten« kommen aus dem Individualismus des Netzes. Ihre Parteiprogramme sind die unzähligen ungeschriebenen Programme unzähliger User. Manche davon überschneiden sich, sind kongruent. Aber nicht, weil sie von einer Parteispitze zusammengefasst wurden, sondern weil es der Zufall der Lebensumstände so will.

Nach weit über einem Jahr im Maschinenraum des Piratenschiffs bin ich sicher, dass die Partei als Organisation scheitern wird, weil sie nicht mutig genug war, den Quantensprung mitzumachen, den das Netz gebiert. Vor allem die Führungsmannschaft der Piraten ist als Rebell gesprungen und als Hausmeister gelandet. Nicht scheitern wird allerdings das, was der Ursprung der Piraten ist: die digitale Rebellion von Anonymous, Wikileaks, Lulzsec, Vroniplag und die hundertfachen Aktivitäten lokaler und globaler Nichtregierungsorganisationen wie Oxfam, Greenpeace, Campact. Diese außerparlamentarische U-Boot-Flotte wird ihre Torpedos weiterhin losschicken, wird mit ihren Harpunen aus dem Nebel heraus angreifen und Unternehmen, Parteien, Politiker und Privatpersonen attackieren. Sie sind die ungeliebten Korsaren, die ein asymmetrisches Scharmützel gegen die analoge Welt austragen und sich darin als das erhebliche Element des Wandels offenbaren.

Freilich sind sie nicht allein. Denn neben den »guten« Schlachten gegen Scientology und ägyptische Diktatoren werden von rechten oder linken oder islamistischen Fundamentalisten die »schmutzigen« gegen die freie Gesellschaft geführt. Zudem führen Staaten im selben Medium Cyberkriege, greifen Konzerne und Regierungen tief in unser Leben und unsere Privatsphäre ein und verändern die Identität und das Bild des Menschen im 21. Jahrhundert. Das ist alles nicht neu und nicht überraschend. Neu ist aber, dass es ein Forum für Millionen Menschen gibt, in dem sie sich treffen, austauschen und organisieren können. Das Netz ist der größte, effektivste und schnellste Versammlungsort der Welt. Statt »Think global, act local« heißt es nun »Think local, act private«. »Empört euch!« gilt jetzt für alle.

Die politische Revolution, die uns dadurch bevorsteht, wird so wenig durch eine Partei gebremst wie die technische Revolution Internet gebremst werden kann. Und so ist dieses Buch nur ein kleiner Beitrag zu dem, was in Deutschland und anderswo politisch in den nächsten Jahren geschehen wird: die Bevollmächtigung des Bürgers, ein eigenständiger Vertreter seiner Interessen, Träume und Ideen zu sein. Die Fragen sind ja stets dieselben, aber inzwischen können wir andere Antworten geben.

Vorhersagen sind schwierig, speziell, wenn sie die Zukunft betreffen. Doch ich bin sicher, dass gerade das Netz, das den Aufstieg der Piratenpartei ermöglichte, sie auch wieder verdrängen wird. Meine Sympathie gilt aber all denen (und seien sie auch Piraten), die die Möglichkeiten des Internets benutzen, verteidigen und entwickeln. Sogar dann, wenn ich mit ihnen nicht einer Meinung bin. Meine Abneigung allerdings gilt dieser erbärmlichen Organisation namens Piratenpartei.

Nicht zuletzt soll dieses Buch auch eine Ermutigung sein, sich auf eine spannende und ungewisse Zukunft einzulassen, ihr mit Neugier und Mut zu begegnen. Oder wie es in einem chinesischen Sprichwort heißt: »Wenn der Wind der Veränderung weht, errichten die einen Mauern und die anderen bauen Windmühlen.«

Im August 2013 bin ich aus der Piratenpartei ausgetreten

und habe begonnen, ein Drehbuch über sie zu schreiben. Es heißt »Phönix in der Asche«.

Lektion 24: Wie man Niederlagen in Erfolge ummünzt

Wenn du große Pläne hattest, wenn du auf die Politik deiner Partei Einfluss nehmen wolltest, wenn du sogar die Führungsriege stürzen wolltest, aber auf allen Feldern erbärmlich gescheitert bist, hast du drei Möglichkeiten, mit der Niederlage umzugehen. Erstens: Zieh dich zurück, wandere aus, beginne ein neues Leben als Gärtner, Yoga-Lehrer oder Oliven-Züchter. Zweitens: Such dir einen besser bezahlten Job in der freien Wirtschaft oder einer Stiftung. Wenn die Wirtschaft dich nicht haben will, weil die Unternehmen dich für nicht geeignet halten, geh nach Brüssel ins Europaparlament.

Drittens (die beste Lösung): Rede deinen Misserfolg klein, wandere nicht aus. Warte stattdessen, bis sich niemand mehr an die peinliche Episode erinnert. Das wird nach maximal einem Monat der Fall sein. Steh dann zu deinem Misserfolg. Sag, dass es keinen Sieg ohne Scheitern gibt, zitiere Charles de Gaulle (falsch): »Ich wurde geschlagen, wir alle haben verloren.« Oder David Lord George: »Der Beweis von Heldenmut liegt nicht im Gewinnen einer Schlacht, sondern im Ertragen einer Niederlage.« Notfalls geht auch Paolo Coelho: »Lerne, dass Siege wie Niederlagen zum Leben eines jeden gehören – außer zum Leben der Feiglinge.«

Gebe dich demütig und schreibe schnellstens ein Sachbuch, eine Autobiographie oder einen Ratgeber. Achte darauf, dass du bei deinem Buch nicht zu viel von anderen abschreibst. Sei darin witzig und frech, spitze hier und da ein wenig zu, aber verdrehe nie die Wahrheit, und vor allem: Sei stets unterhaltsam. Du kannst sogar deine Gegner lächerlich machen, doch damit du dabei nicht arrogant wirkst, musst du dich ebenso über dich selbst amüsieren. Auf dem medialen Marktplatz des allumfassenden Entertainments kannst du mit solch einem Buch ordentlich Geld verdienen. Wenn das Buch sich nicht verkauft, geh nach Brüssel. Geh aber auch dann nach Brüssel, wenn das Buch sich gut verkauft. Und wenn du zuletzt doch noch einen Job als Berater, Kontakter, Türöffner ergattert hast, lass deine Gegner wissen, dass du so froh bist, den Stress los zu sein, und obendrein noch das Zehnfache gegenüber früher verdienst!

DANKSAGUNG

Nach 25 Jahren als Autor von Theaterstücken, Romanen, Drehbüchern und Songs (einer sogar über den Muttertag) habe ich mit »Piraten« zum ersten Mal ein Buch geschrieben, in dem es um harte Fakten, reale Personen und beweisbare Tatsachen geht, und prompt den Arbeitsaufwand unterschätzt. Doch zu meinem außerordentlichen Glück gab es zwei Personen, die wahrlich schlechte Menschenkenntnis bewiesen, als sie mich an die Hand nahmen und mir halfen, dieses Buch zu schreiben.

Mein besonderer Dank gilt Matthias Auer, der ein verständiger Lektor war und dort, wo ich den Wald vor lauter Bäumen nicht mehr gesehen habe, den Text lesbar machte. Vor allem aber danke ich der klugen Ramona Jäger von Bastei Lübbe, die lange vor mir wusste, wie und was dieses Buch sein könnte, mich immer wieder ermutigt hat und dafür einen Preis für Engelsgeduld erhalten sollte. Ich wünsche allen Autoren solch wunderbare Verbündete wie diese beiden.

Bei den Piraten danke ich den vielen unorthodoxen Mitgliedern an der Basis, die mir bereitwillig Auskunft gaben (wenn auch manchmal unter der Bedingung, dass ich ihre Namen ändere).

Und nicht zuletzt gilt der allergrößte Dank meiner Familie, die über Monate vermutete, ich hätte eine abnormale Affäre mit einem Schreibtisch, die damit auch noch Recht hatte und mich trotzdem nicht verlassen hat. Insbesondere danke ich meiner Frau Roswitha, die immer dann die richtigen (und nervenden) Fragen zu stellen wusste, wenn ich unsicher war und vom Weg abzukommen drohte. Was für ein Glück ich doch habe!